Nobook *FWorld*

I0166871

Prima edizione: maggio 2014
Betty Codeluppi
Bye bye Milano
A cura di Tatiana Carelli
Collana FWorld
Copertina di Nobook Study

Betty Codeluppi

Bye bye Milano

NOBK®

*A mia madre che continua ad amarmi
e stimarmi nonostante me.
A Sofia, idem.*

1. Amarezza

Arriva un momento, quel momento in cui si ha il coraggio di voltare pagina. Sì, parlo proprio di quella faticosissima operazione di rimettersi in gioco, sul campo, nel mercato. Perché da qualche parte bisogna pur partire.

E io con lui, il signor The Voice, ho chiuso. Basta. Finito. Caput. Non esiste più. Cancellato.

Poi cosa succede? Eh... Un sacco di cose, a partire dallo sdoppiamento di ogni cellula del corpo in: tu non esisti più /tu sei ancora vivo e quindi raggiungibile. Così si pensa la qualunque per dimenticare che forse, e dico forse, era l'uomo della tua vita (o almeno dei prossimi sei mesi), ma hai scelto di troncare. Perché? Lo so io il perché! Perché è meglio così...

E poi? S'inizia scivolando in quello stato quasi estatico di meditazione sul senso dell'universo e tutto quanto e come diavolo è che la risposta definitiva è sempre 42, ovvero che non c'è una risposta sola e che la tua visione influenza il tuo ambiente e fondamentalmente, forse, ti crei una realtà a seconda di ciò che vuoi, mentre le lenzuola sporche si accumulano vicino alla lavatrice.

Il giorno dopo pensi che beh, in fondo, è assurdo preoccuparsi in quanto in una versione deterministica del mondo dove tutto è regolato dalle leggi fisiche dell'universo è totalmente inutile fare alcunché in quanto, ragazza mia, ciò non cambierà per niente il corso della storia.

Nel frattempo noti che hai lasciato in giro dei calzini e c'è un gatto di polvere che ti miagola piano all'orecchio, vicino allo zoccolo del muro, giusto dietro alla lampada.

Il terzo giorno ti svegli depressa, ti indigni per quanto tardi tu abbia capito il senso della sequenza di Fibonacci e, allo stesso tempo, ti conforta l'idea che la teoria del rasoio di Occam sia quasi universalmente valida per cui è altamente probabile che tu possa smettere di fare congetture in quanto conosci già le risposte.

La lavastoviglie nella quale hai diligentemente inserito i piatti sporchi incomincia vagamente a ricordarti l'odore dei crisantemi.

Il quarto giorno, dopo un'ora di meditazione e conseguente saluto al sole, ti sembra di raggiungere il nirvana. Uno stato interiore di profonda pace e sobrietà. Ti senti zen quanto un monaco buddista, intaccabile come un anacoreta. Dimentichi per un attimo che ti sei sempre considerata una sibarita, assumi quello sguardo odioso tipico di chi pensa di aver capito tutto della vita e sei sicura d'aver fatto bene a eliminarlo.

Almeno per un quarto d'ora.

Inciampi in un piatto sporco nascosto sotto il tavolino, vai in bagno per medicarti (è stata una discreta botta) e scopri che hai lasciato il fondo-tinta aperto il cui contenuto è uscito naturalmente grazie all'immancabile legge di gravità e il lavandino adesso ha un colore orribile.

Decidi che ne hai abbastanza, che è ora di darsi una regolata e di sistemare casa. Radicalmente.

Fai un giro degli ambienti, memorizzi mentalmente una lista delle azioni da compiere e, come una deficiente, incominci a togliere la polvere dagli occhiali da sole incurante del fatto che nella lista delle priorità ciò sia pari a zero e che siamo a ottobre inoltrato.

Capisci che devi fare qualcosa. Devi agire. Buttarti nella mischia? Che orrore. Ma non sai da dove partire.

Partire, già, ma partire è un po' morire, anche se morire è molto più che partire. Dai, non si scherza con la morte. Lo dici a me? Sono morta di sonno e poi ti odio a morte, ce l'ho a morte con te e ti auguro una morte, lenta, anzi ti amo. Da morire. Morirei per un tuo bacio, muoio per te, la dolce morte, li mortacci tua. Sono moribonda per amore. Tu mi fai morire e so anche di che morte morire. Perché gioco con la morte e oggi sono morta dentro. Mortificata.

Le parole sono importanti, vanno, andrebbero dosate. Invece io sono un fiume in piena, un vaso riempito fino all'orlo di parole che alle volte mi sembrano scontate. Forse devo farle uscire tutte per poter tornare a respirare.

Io ti conosco, mio caro signor The Voice.

Mi hai ferito a morte, ma sei fragile, sei grande

ma solo d'altezza e grande d'età.

Dentro di te c'è ancora una persona piccola e spaventata da tutto. Dell'adulto hai solo le forme, le fattezze, al limite l'esperienza. Dentro ti puoi spezzare facilmente, a volte basta un soffio, una carezza non data, un sentimento negato. Lo sai, oramai che sei adulto, l'hai capito e allora cerchi un riparo, una soluzione. Ti isoli, non fisicamente quello no, anzi, sei una persona circondata da affetto e amici ma non riesci a sostenere l'amore. Dai la colpa al destino, alle sventure, agli altri, ma in fondo lo sai che il problema sei tu.

Non che tu non ne abbia d'amore; al contrario trabocchi, è solo che l'idea del rifiuto, dell'abbandono, della dipendenza da me ti annichiliscono.

E allora diventi seducente quanto un tossico, irresistibile come una puttana d'alto bordo.

Piaci praticamente a chiunque se davvero lo vuoi; ti rifugi nel sesso, nell'alcol e ti è già andata bene che le droghe non ti sono mai piaciute.

E così diventi un essere spaventoso, a poco a poco. Ti struggi per gli uccellini perché in quelli rivedi te stesso: un essere piccolo e indifeso che avrebbe bisogno di una mano.

Ti circondi del bene, lo cerchi con tutte le forze, lo applichi appena puoi, lo desideri follemente perché dentro di te c'è tanto male e alla fine sai che non andrà mai via.

Tu sei il diavolo che vuole eternamente il bene e compie il male. Hai fatto male a me, un male da morire.

Fuggi pure da me, fammi soffrire, scappa da te

stesso e dall'amore. Ma così neanche tu starai mai bene. Io lo so. Adesso che ci siamo lasciati, che ti ho lasciato per sopravvivere a te, vorrei solo morire.

2. Dimenticare

È appena stato il tuo compleanno, signor The Voice, ma il regalo me l'hai fatto tu.

Apro Vogue e ti vedo. Anzi, peggio. Vedo uno che ti fotografa mentre a tua volta fotografi una modella che, guarda caso, è la stessa di pagina cinquantasei; solo che lì ha molti meno vestiti addosso.

Un insieme di scatole cinesi che, lo sento, potrebbe andare avanti all'infinito.

- Sono stufo di fare questa vita; faccio la rockstar da quando ho sedici anni... Ne ho abbastanza, mi hai detto.

Eravamo vicino a un cimitero, difficile mentire. T'ho chiesto di baciarmi, così quando mi avessero domandato il posto più strano dove l'avessi mai fatto avrei vinto di sicuro. Mi hai baciato ridendo.

- Ci farei uno dei miei film, - hai aggiunto. - Sposami, vieni a vivere qua e facciamo una famiglia normale.

Ma dovevi essere ubriaco perché della normalità non ne sai un accidenti. E da un pezzo che non fai qualcosa di normale e a pensarci bene neanche questa conversazione, neanche questo posto così irreale sono normali...

Certo, fai del tuo meglio, come tutti, ma è come se cercassi di farti costantemente perdonare il successo restando una persona così fintamente alla mano.

Cos'ero per te? Un esperimento sociale? La versione riveduta e moderna del Pigmalione?

Non posso trasferirmi. Lo sai benissimo. E tu cosa mi hai risposto?

- Ok allora vengo io, ma per favore sposami perché da te voglio un figlio.

Un figlio! E ti ho persino creduto. Poi mi sono svegliata: ero su un aereo di seconda classe che mi riportava qua. Nessuna traccia del tuo jet privato, lo schienale era scomodo come sempre, il cibo aveva lo stesso sapore di cartone.

Oggi è il tuo compleanno e faccio del mio meglio per dimenticarlo. In realtà vorrei solo dormire... Mi ubriaco e cerco di far festa. Mi odio perché t'ho creduto.

A te t'amerò per sempre. Meglio, amerò quel giorno al cimitero dove perlomeno a essere normale c'hai provato.

Però grazie, sul serio. Perché sarai anche stanco di quella vita così sopra le righe, ma aprendo Vogue e guardando la tua foto, a dirla tutta, mi sei sembrato parecchio riposato.

E non so più cosa pensare.

La verità, vi prego, sull'amore. L'amore

non è un film, prima di tutto. Non è, oggi, quella roba che provavi a sedici anni. È molto peggio; è l'entusiasmo di un bambino e la consapevolezza dell'adulto.

La voglia di scappare lontano e l'istinto di condividere perché come diceva John Donne: "l'uomo non è un'isola". E neanche la donna.

È istinto, razionalità, consapevolezza, maturità e terrore. Un pezzo di continente. Ecco cos'è.

È la somma del tuo passato, unita all'incertezza del futuro.

È il primo pensiero del mattino che scacci con sufficienza. L'introspezione dell'ubriaco. La visione dell'immaturo. La percezione del drogato.

È il "vorrei ma non me lo posso permettere". È forse il passato che pesa e la leggerezza dei vent'anni, che osservi e invidi, con avidità mista a sano cinismo?

Chi ha certezze scagli la prima pietra.

Da queste parti, mani giunte, legate dietro la schiena. L'amore è sesso on the rocks, un'idea confusa che mischia passione e voglia di condivisione.

La serie tv di successo e il film cult trasmesso a notte fonda.

Ma, caro signor The Voice, non una foto su Vogue.

3. Provarci

Sono un'anima tormentata in mezzo a cento altre. Niente di speciale solo, forse, me ne rendo conto.

Comunque siamo nel centro di Milano. Ma sopratutto ho fatto il primo passo: uscire. Ebbene sì, una serata vera. Fuori casa. Lucida per l'occasione.

Vado a una serata di "amici". La locandina recita a soggetto: atmosfere da Rive Gauche di Parigi, nel "loft già adibito a studio di un celebre fotografo".

Il fotografo non doveva poi essere tanto celebre, se ha mollato il loft. E Parigi mi sembra parecchio lontana.

M'impegno, mi sforzo di uscire perché ho una missione: dimenticare il signor The Voice. Buttare alle spalle. Butterei direttamente lui...

Entro, mi accoccolo su una delle poltrone spacciate per salottini "originali anni Trenta" del locale. Fingo di crederci.

Da qualche tempo a questa parte credo a tutto. Credo a Babbo Natale, all'anno che verrà e a un possibile felice futuro, al riparo da stronzi e personaggi a perdere. Sarà.

Speranze disattese, le mie, almeno qua dove tutti si conoscono per soprannome. Ci sono Bubbo, Roffi, Celio, Rabbi e Pietro. Proprio come in un disco degli Squallor: Pietro è il cane di Luffo.

E infatti arriva uno che conosco, con soprannome cretino, accessoriato con tizia e cocker spaniel.

Le donne sono magre, coi culi secchi, vestite come pensano che una modella si dovrebbe vestire per andare a ballare.

Ho una giacca stretta in vita e una camicia immacolata dal collo alto; così, tanto per distinguermi. Gli uomini sono mediamente dei cessi. Ma tanto non interessa a nessuno, perché sono pieni di soldi. C'è il tizio tarchiato vestito con doppiopetto blu, pantalone crema e scarpe da barca. Mi domando dove abbia parcheggiato lo yacht. Forse alla Darsena.

C'è uno schizzato con la camicia fuori dai pantaloni che balla da tre ore e sembra in trip totale e poi c'è lui. Lui è alto, brizzolato sulla cinquantina. É totalmente fuori: chiede a gran voce di trovargli un pusher perché il suo non si è presentato. In realtà si è presentato di sicuro, ma lui è già rimasto a secco. Non si rende neanche conto che sta urlando se non, in un barlume di lucidità, ci tiene a far sapere a chiunque che la storia del pusher era uno scherzo. Divertente. Vorrei intervistarlo, ma la sua vita gliela leggi già negli occhi leggermente acquosi e insipidi. Soldi vecchi i suoi, di famiglia.

Quest'uomo probabilmente lavora ancora nello

studio legale di papà. Una generazione crea e una distrugge. É la regola. Speriamo nella prole. Separato, con uno, forse due figli temporaneamente parcheggiati in qualche collegio a Lugano.

Un tempo, magari aveva dei valori, adesso ha il Milan e l'obiettivo immediato di portarsi a casa una qualunque di queste qua coi tacchi a stiletto.

Me ne devo andare da qui, nessuno mi può aiutare a sorridere. Mi ritrovo per strada, sola, più delusa di prima.

Fossimo in un film, a quest'ora con l'aria frizzantina e il cielo che sembra disegnato, a Milano dovrebbe suonare il cellulare. Il tuo. Dall'altra parte ci sarebbe un vecchio amico: uno che ti piaceva, uno che magari hai baciato, diciamo di sfuggita, dieci anni fa. Ti chiamerebbe curioso di sapere se il tuo numero è ancora quello e se vivi sempre lì.

Certo, risponderesti. Lui di rimando ti direbbe che è sotto casa tua, giusto vicino alla farmacia e che vorrebbe farti un saluto. Scenderesti le scale e gli appariresti bella, interessante. Sempre spiritosa.

Vi andreste a prendere qualcosa da bere.

Un saluto di commiato, gli occhi negli occhi e la promessa di un nuovo incontro e poi, chissà.

E invece sono arrivata a casa. Mi svesto, mi butto sulla poltrona e mi rileggo Queneau.

Certe notti un racconto può fare la differenza.

Certe notti un racconto salva la vita.

Certe notti gli amici non servono, e lo sai già. Certe notti basta guardare una foto per rendersi conto di quanto sei idiota.

Meglio stare al riparo, quattro mura che ti salvano da tante scuse del giorno dopo.

Un rituale già visto e vissuto.

4. Buongiorno

Il risveglio non è dei migliori: ti ricordi di avere le occhiaie, il mal di pancia, di essere struccata e in ciabatte, e sopratutto che la tua prima serata da nouvelle single è stata abbastanza deprimente, no, esageriamo, un fallimento totale.

Una morte decorosa, ecco quello che ci vorrebbe.

Per questo avrei già escluso stricnina e cianuro. La prima darebbe le convulsioni, lasciandomi una brutta bava verdastra sul viso, il secondo mi farebbe probabilmente vomitare e nessuno vuole farsi trovare morto in mezzo a un mare di vomito. Mi sembra ovvio. Perché comunque un ultimo pasto prima di fare il salto è chiaro che vorrei anche farlo, voi no?

Buttarsi sotto a un treno o a una fermata della metro sono ugualmente possibilità da escludere. Troppo clamore, troppo casino. Immaginati poi tutti quei poveracci che devono arrivare in ufficio e ti maledicono pensando che se proprio dovevi suicidarti, era molto meglio farlo senza creare tanti problemi al prossimo.

Non me la sento di biasimarli.

Infine un pensiero andrebbe anche ai coroner. Già me li immagino: con le loro tute bianche anti-contaminazione che raccolgono pezzi di me sparsi in giro.

Per non parlare di quei disgraziati che verrebbero chiamati a pulire.

In America sono chiamati crime scene cleaners. Un lavoro infame, pagato al minimo sindacale e certamente con scarse possibilità di fare carriera. Non so se mi spiego...

No. Meglio, molto meglio escogitare qualcosa nella tranquillità delle mura domestiche. Ma anche in quel caso bisognerebbe pensarci bene: buttarsi dal balcone avrebbe poco senso, e se poi sopravvivi paralizzato e storpio? Troppo rischioso. Asfissia e impiccagione non li voglio neanche contemplare: sarei piena di petecchie e (Dio non voglia) potrebbero cedermi gli sfinteri. Piuttosto disdicevole, almeno per una ragazza che si è sempre considerata portatrice sana di eleganza.

La lametta nella vasca da bagno è un classico femminile. Troppo sangue. Troppo cliché. Troppa nudità. Mica vorresti essere morta e sentire un poliziotto che commenta che in fondo è un peccato perché avevi delle belle tette, no? Alla fine, aveva ragione quella gran furbastra de' furbastri di Cleopatra, ma a parte che il Museo dei Tolomei era una location coi controfiocchi e non è che se ne trovino poi tante, di questi tempi trovare un aspide vivo non è che sia una cosa tanto semplice; per non aggiungere che la morte non è certa e che alla fine ti dovresti comunque imbottire di cicuta e oppio. Così, tanto per andare sul sicuro.

Comunque.

Sto solo speculando.

In fondo l'ho lasciato io, dovrei stare bene, essere felice, sapere che la situazione era insostenibile e non mi restava altro da fare. Ma il mio umore non ha nessuna intenzione di migliorare.

Il tempo cura tutte le ferite? E allora, quanto ancora ce ne vuole?

5. Mai

Quando mi capita del lavoro, sono ben felice di cambiare aria. E dopo una settimana di tunnel arriva Roma. La Capitale.

Sono subito proiettata nella dolce vita e conosco abbastanza la città da affittare un'auto e da godermi il traffico incasinato e il ponentino. La casa di produzione per cui lavoro come assistente producer mi prenota sempre una stanza all'hotel Locarno, il cui fascino anni Venti ha di per sé il potere di placarmi. Salgo sulla terrazza, ordino un gin con lemon e ripenso a ieri.

Io a questo aperitivo non ci volevo venire, ma adesso sono qua, con te che mi guardi con gli occhioni e mi parli di Cortina e della casa in Versilia. Sei gentile, educato,ma io vorrei essere da un'altra parte. Da qualunque altra parte fuorché qui, con te. Ho accettato di vederti per la tua insistenza che ho letto come genuino interesse, perché mica si può stare sempre soli, perché anche se non mi piaci non voglio fare la superficiale e una possibilità di conoscenza non è poi così compromettente.

Non sarà mica la fine del mondo no? Invece sì, è la fine del mio, di mondo, perché a dirla tutta sono qua solo perché lui, cioè l'altro, cioè tu, quello che mi interessa per davvero non c'è. E così, mentre il tu presente mi snocciola dati e curriculum, io penso che davvero non ho più alcuna voglia di raccontarmi a nessuno. Che sono di Milano, il mio lavoro e allora come ti trovi a Roma e da quanto tempo ci stai e i tuoi fratelli, la famiglia ti mancano e cosatipiaceleggereoascoltare e bla bla bla. Lui, cioè il tu passato, lo saprebbe, che amo la Dickinson. Che leggo Palanhiuk, che una volta ho incontrato i Ramones e se anche non lo sapesse, me lo leggerebbe negli occhi, o salterebbe fuori prima o poi, perché certe anime si riconoscono così, senza bisogno di tanto casino. Ti sento, ma fatico ad ascoltarti e mi do della stronza, per essere qui a farti perdere tempo.

Mentre cerco qualcosa da mangiare che sia vegetariano (ah già, non lo sapevi eh, beh, il signor The Voice sì) prego di non finire intrappolata in un'altra stupida inutile conversazione sull'eterno diverbio tra onnivori e gli altri. Dio che palle. E invece insisti mentre aspetto il mio trionfo di formaggi mi si avvicina uno e mi dico che allora non sono poi tanto male, ma lo so già benissimo, e tu ti ritrai piccato mentre io penso che il tu passato si sarebbe divertito e ne avremmo riso dopo, a letto, mentre si faceva sesso.

E adesso non ci sei e non so neanche bene perché. Forse non t'ho detto abbastanza che ti stimavo? Pazienza, non si può mica stare sempre soli no? Invece sì, ti saluto in fretta. Mi dici anche che sei fidanzato ma molto confuso. Meno male. La stronza alla fine non sono io.

Riprendo la Smart, passo da via Giulia, la strada più bella di Roma. Guardo l'arco e mi dico che sono fortunata. Nonostante tutto c'è così tanta bellezza nel mondo e riesco ancora a vederla. Mi commuovo e penso che come il folletto Puck prima o poi risolverò le cose. Parcheggio di straforo, arrivo in hotel. Sono ancora le nove, guardo Csi in tv ma vorrei solo dormire.

6. Single

Di queste ultime settimane ho ben poco da gioire. Perché? Se questi sono i segnali, il messaggio è inequivocabile. Me ne devo andare.

Prendi per esempio lunedì. Mi sono fatta un viaggio in metropolitana, che è un po' come una storia: pensa di essere sulla gialla, che è la più carina, metti che seduta a qualche metro da te ci sia una persona che ti piace molto.

No, non solo per l'aspetto, una persona che ti piace per come è, una persona che conosci già, tanto per capirci.

Accanto a questa c'è un posto libero.

Che fai, ti siedi?

Certo, incominci a pensare, prima di arrivare a sedermi potrebbero esserci degli scossoni, potrei anche cadere...

La metro intanto va.

Che fai quindi, ti siedi oppure no?

Eh, vero, quel posto sarebbe comodo, ci sarebbe una bella visuale, ma se poi mi distraggo e perdo la fermata e resto su? In fondo potrei sempre scendere alla prossima.

Il bello delle metropolitane è che hanno un punto di partenza e uno di arrivo. Insomma a un certo punto da qualche parte si arriva, giusto? La metro intanto va.

Sì, in effetti potrei sedermi e già che ci sono rilassarmi anche.

Potrei leggere il giornale, fare due chiacchiere... È chiaro che per arrivare a sedermi dovrei fare qualche metro. Sarei instabile, qualcuno potrebbe prendermi contro, rubarmi delle cose e stai pur certo che mi guarderebbero tutti.

Ma sì, pensi, adesso mi stacco da questo palo che è anche precario, scomodo, prendo coraggio e mi siedo.

Dopo aver calcolato la velocità del vento, i flussi e riflussi delle maree e consultato l'I Ching, decidi che sedersi è una possibilità.

Ti stacchi dal palo, pigli fiato e proprio mentre stai per fare il passo arriva qualcuno e si siede. Ti hanno fregato il posto. Il tuo posto! Beh, no, guarda che quel posto era libero certo, ma non era "tuo". Era solo un posto libero e adesso che è occupato lo vuoi disperatamente. Ci sono altre sedute libere, forse più lontane, più felici, ma adesso che quella sedia è occupata non vedi altro. É così?

E adesso che si fa?

Non lo chiedere a me, sono solo il macchinista. Direi però che a questo punto non puoi certo chiedergli di alzarsi, ti pare?

Dovrai solo aspettare che il posto si liberi perché è chiaro, prima o poi si libererà. La prossima volta siediti e basta. E spero sia chiara, la metafora. Con gli uomini, intendo.

Ieri mattina invece incontri alieni al supermercato.

Hey tu; si tu che mi chiedi permesso con l'aria stizzita in coda all'Esselunga: inutile che guardi la mia spesa con disprezzo. È vero, ho due salsicce, i friarielli, del burro (!) una confezione famiglia di Twix e una bottiglia di vino che, probabilmente, mi berrò da sola o in compagnia di un'amica.

Che ne sai tu della mia vita? C'è anche del pane integrale da qualche parte, ma certo non è quello che ti indigna vero? Allora mi spieghi cos'è? È la mia borsetta - vera - di Chanel (che, stanne certa, non mi ha regalato nessun papi di turno ma il sudato lavoro) o il fatto che non trasudo rigore quanto te? Dovessi giudicarti dalla spesa, beh cara mia, hai perso: una confezione di rucola dal vago sentore di pipì di gatto, una scatola di ceci e delle gallette integrali non fanno di te una persona migliore. No, a differenza tua, io non ti giudico dalla spesa. Non saresti neanche male, se solo non fosse per quel tailleur che manco mia nonna negli anni di lutto, ma sopratutto per quell'aria così frustrata, le labbra sottili e quel culo secco da milanese imbruttita che ti porti addosso come una medaglietta di Medjugorje.

Fattene una ragione, frequenta meno palestre e perdio cambia stilista.

Forse è il mio sorriso nonostante tutto che ti ricorda quanto siamo diverse?

Passo dal caro tabaccaio cinese, ma questo è un dettaglio, a comprare le sigarette.

Da circa tre anni, praticamente tutti i giorni. Il locale funziona, i video poker sono sempre pieni. Tu tabaccaio non guardi negli occhi mai nessuno.

Ogni volta mi chiedi cosa voglio. Se ti do cinquanta euro le scruti manco fossi una Rom di passaggio e sia te che tua moglie non sorridete mai. Neanche coi vostri connazionali. Chi te l'ha fatto fare di aprire un bar? Non era meglio fare il secondino? Quasi quasi smetto di fumare solo per non vederti più.

Sì, sono una nouvelle single felice, o quasi... in effetti lo devo ancora digerire.

7. Social

La comunicazione reale langue. Cosa mi resta da fare? Spero di trovare rifugio nel virtuale. E le sorprese non sono sempre eccitanti. A volte ritornano ed è tutto un piacere. A volte solo un film dell'orrore.

Personaggi, più che persone. Come questo che ha il coraggio di ripresentarsi dopo due anni come se niente fosse, dietro la maschera dello schermo, con uno stupido semplice "smile+comestai". Grazie! E complimenti! Sei rientrato nella mia vita, però, mentre un cuore (il mio) si sbriciolava sul tappeto lasciando non poche tracce, tu ti consolavi con una velina ventenne. Molto bene.

L'amore non ha età? É una balla.

Il sesso lo capisco, ma andarci in vacanza era davvero necessario? Sei sempre stupendo, affascinante e sexy. Sai qual è la novità?

Anche io.

Dunque puoi taggarmi/pokarmi/likermi/chattarmi quanto vuoi ma la sostanza non cambia, parafrasando Goldoni, che per tua informazione non è una marca di preservativi, con ossequi ciao. Se non lo capisci, te lo scrivo in un altro modo: prima di tornare con te fai tempo ad andare in andropausa o a rifarti la prostata.

É stato bello.

Ecco, Ecco a cosa serve Facebook. Puoi bannare gli scocciatori. E poi, come fare a meno di Fb? E soprattutto del consenso degli altri facebocchiani? Fb non lo ammetterà mai, ma c'è un modo per vedere chi ti legge di più. I tuoi stalkers virtuali diciamo, anche se la parola stalker in effetti è un po' fortina. Sarebbe meglio parlare di followers o lettori più assidui. Chi non si perde una tua parola, una tua foto, chi non si lascia scappare neanche un tuo commento... Sì, diciamo gli stalkers "buoni".

Se per buoni intendiamo chi si limita a farsi una valanga di cazzi tuoi senza per forza piombarti sotto casa. Ma questa è un'altra storia.

Insomma, tanto per ritornare in tema, in realtà è semplicissimo: basta guardare le fotine che compaiono sulla vostra pagina in basso a sinistra. Ecco quelli, anche se non vi rivolgono mai la parola, anche se sembra che non vi si filino di pezza, sono i vostri afecionados del momento.

Come lo so? Beh, praticamente vivo in rete. Detta così sembra una dichiarazione da alcolisti anonimi, con tu che ti alzi dalla sedia, guardi il vuoto e in mezzo a quel vuoto ci sono dei perfetti sconosciuti seduti in semicerchio che ti sorridono manco che so avessi appena varcato la soglia di una chiesa col vestitone bianco a meringa e ti incoraggiano con lo sguardo a proseguire nel tuo cammino. Ecco, secondo me quelle riunioni lì a vederle dal di fuori sono la cosa più imbarazzante del mondo. Comunque. Io non sono dipendente, diciamo solo che ho una vita social piuttosto intensa e ehm... di successo?

Non saprei, però i numeri e gli algoritmi mi darebbero ragione: ho circa 4.600 amici su Fb che, aggiunti alla mia altra pagina "profilo pubblico" in cui ci sono seimila followers (seimila e cinquanta, a voler essere precisi) fanno la ragguardevole cifra di 10.600 persone che mi seguono. Se pensiamo che l'utente medio di Fb ne ha 130... Insomma è una cifra considerevole no? Dopodiché c'è il mio profilo Twitter con circa duemila amici. Twitter non mi piace granché in realtà, non ci dedico molto tempo. Non sono brava con la sintesi, inoltre ultimamente ho scoperto il mondo di LinkedIn.

Ma non è un sito per chi cerca o chi offre lavoro direte voi? Beh, si, lo era. Solo che di recente così, mi sono messa per gioco a postare delle cose che mi sembravano interessanti; niente di che, roba più o meno attinente al lavoro e alla formazione.

Beh, non l'ho fatto in modo consapevole ma com'è come non è, alla fine mi sono ritrovata anche lì con un tremila contatti e con gente che ogni tanto consiglia i miei aggiornamenti e li condivide.

Dopodiché c'è Pinterest, che è un po' come il Fantacalcio per le donne. La percentuale di utenti donne infatti supera il 68 per cento. Lo capisco eh, alla fine è come sfogliare il magazine femminile perfetto: foto stupende e tutte ordinate in base ai tuoi interessi. E così all'inizio ti iscrivi, un simpatico algoritmo ti propone delle foto a caso e in base a quello ti presenta dei boards, in sostanza degli album fotografici tra cui scegliere delle foto che puoi postare a tua volta sul tuo "album" e via così. È ovvio che se hai un certo seguito da altre parti, appena si viene a sapere che hai un tuo spazio, la gente incomincia a seguirti anche lì.

E comunque Pinterest è pura fantascienza: seguo in gran parte tavole di arredamento e allora mi vedo queste case perfette tutte in stile marocchino etnico, casual, shabby chic, quelle provenzali, e poi tappeti maculati, scale rosa fluo, cuscini, pizzi e macramè. Specchi dorati e suppellettili preziose, o ancora quegli ambienti così sofisticati e puliti e minimali che potrebbero essere tranquillamente la dimora di personaggi inventati, personaggi frutto della penna di sceneggiatori visionari, di Patrick Bateman, quello di American Psycho, o di Amélie, quella del mondo favoloso, o persino di Babbo Natale, per dire. La cosa che mi fa più ridere sono quelle case perfette, nordiche, probabilmente abitate dal fantasma del signor Ikea, dove oltre a non esserci uno spillo fuori posto, quando ci sono gli armadi, vedi quattro paia di scarpe, tre gonne estive, due paia di pantaloni, una sciarpa e un cappotto. Ma chi vive così? Insomma dai, con tutto il rispetto, anche un barbone che vive in stazione centrale probabilmente ha più roba.

Concludendo, Pinterest alla fine è DE-PRI-MEN-TE.

Mai come Google+ però, dove la gente ti aggiunge alle cerchie senza che nemmeno tu abbia la possibilità di obiettare. Cioè metti che hai litigato con qualcuno, che gli serbi anche un po' di rancore e quello niente, ti aggiunge in scioltezza ai suoi contatti. Alla fine è spiacevole.

Tutto sommato, se proprio dovessi scegliere, cioè se mi dicessero chiuditi un account, chiuderei quello. Stumbleupon è piuttosto simile e alla fine è anche meglio.

Il mio preferito è Facebook. Da tre anni non passa giorno che non posti qualcosa o che non apra l'app dall'Iphone o che non legga almeno una volta quel grande rullo centrale - a me piace chiamarlo così - dove vengono condivisi gli aggiornamenti di tutti in ordine sparso. Ho anche provato a stilare un semplice vademecum.

Per lei

1. Occhio a postare tutte quelle foto in costume di quando eri al liceo: qualcuno potrebbe anche crederti.

2. Il poke è il pulsante più inutile di Fb.

3. Se pubblichi foto di gattini, tramonti, fiorellini, pizzi e macramè e non ricevi nemmeno un like, chiediti come mai. E se li ricevi, chiediti che gente conosci.

Per lui

1. Le foto con i tuoi addominali a tartaruga in bellavista non interessano quasi a nessuno. Se sei gay, questa regola per te non vale.

2. Se vuoi chiarire a una donna le tue intenzioni mandale un poke. Capirà immediatamente che sei

un idiota.

3. Se pubblichi quel video fighissimo di quel gruppo gnu/metal/progressive/ma anche un po' blasè/indie/underground e non ricevi nemmeno un like, non prenderla sul personale.

Per tutti

1. Ok, sei nuovo di Fb e sei caduto nel vortice di Cause, Guerra di bande, Farmville, Candy Crush Saga e altre devastanti perdite di tempo. Noi siamo usciti dal tunnel, gestisci la tua dipendenza da solo.

2. Sì, ok, eravate insieme in fila alle poste e per caso hai sentito il suo nome e cognome. Sappi che non è un motivo sufficiente per chiedere l'amicizia.

La condivisione globale ci renderà liberi. Ma non mi riesce a risollevare.

8. Sgoccioli

Chiamo il servizio clienti col cellulare.

Dopo una vita passata in attesa mi risponde il reparto tecnico che a quanto pare oggi sei tu. Tu che hai dormito poco, immagino. Esattamente come me. Non ho ancora incominciato a parlarti che ti sei già stancato. La mia voce ti irrita probabilmente, oppure hai semplicemente deciso che la tua brutta mattinata debba diventare lo stesso anche per qualcun altro e la prescelta sono io. Mi sento come Neo in Matrix, tu sei il mio oracolo, ma da te non vorrei nessun dannato biscotto; solo una stupida risposta tecnica. Se solo riuscissi a spiegarti di cosa ho bisogno saremmo a posto.

Cerco tra tutte le mie parole ma è chiaro che non trovo quelle giuste perché tu non capisci, o fai finta o davvero non mi spiego. Eppure, di parole ne ho parecchie. Niente da fare. Abbozzo finché non mi prendi palesemente per il culo. Adesso basta.

Voglio parlare con qualcun altro. Non è possibile? Ok. Ti chiudo il telefono in faccia. Squilla immediatamente il fisso: potrebbe essere mia madre, la parrocchia, un cliente. Ma lo so che sei tu. Fanculo, rischio il tutto per tutto. Rispondo e senza farti nemmeno dire A, trovo il tono più ironico che ho e ti dico sai? Dovresti scopare di più (che poi detto da me è ridicolo, ma io ho un vantaggio. Tu non lo puoi sapere).

Silenzio. Fragorosa risata.

- Se mi spieghi le cose ti saluto con un ciao.

Ok, non sto bene.

Sto diventando intollerante a tutto.

Ieri in Corso Venezia berlina elegantissima blu parcheggiata davanti ad uno dei soliti palazzi che sussurrano soldi antichi e nobiltà. Il tuttofare, credo l'uomo di fiducia, apre la portiera del passeggero: ne sta per uscire un anziano, decrepito, col bastone e la sciarpa costosa. Passo per caso. Il tuttofare si rivolge all'anziano con fare paraculo: "Commendatore adesso l'aiuto ma mi lasci prima guardare questa bella femmina" (che sarei io, ma in realtà è solo per via del cappotto nuovo) e insomma alla fine ho quattro occhi che mi sbirciano. Sento e ringrazio perché è inutile che faccia finta di niente visto che praticamente quello ha gridato. Se rinasco, vorrei essere più scafata, vorrei fermarmi e fare la civetta, sposare l'anziano i cui figli impugneranno il testamento, ma ce la sfanghiamo comunque, e poi... E poi facciamo festa e mandiamo i figli a studiare dove desiderano e non ci preoccupiamo più della Tarsu. Se rinasco anzi fatemi diventare direttamente quel vecchio lì, però da giovane.

Oggi vorrei che qualcuno mi mettesse un cappotto sulle spalle, che mi cingesse la vita e mi dicesse "non preoccuparti, ci penso io a te, andrà tutto bene". Una roba da film, come quando la bella di turno ne ha passate di ogni, il cattivo è morto e lei inspiegabilmente ha ancora trucco e capelli perfetti. Una cosa a metà tra un film di Lynch e Happy Days. Vorrei un twin set color pastello e un giro di perle al collo. Un cappotto di cammello e i capelli cotonati. Vorrei saper fare una torta di mele e profumare di zucchero filato. Invece so di nicotina e di Gucci rush, ho i capelli corti e arruffati e di quel cappotto sulle spalle non c'è alcuna traccia.

Mi metto gli anfibi, una giacca di pelle e mi tocca uscire a combattere da sola contro un meccanico che quasi di sicuro mi rifilerà una sòla, poi andrò alle poste a prenotare un aereo e in farmacia, a mandare un bonifico prima di affrontare la festa dell'anno.

Domani sera l'evento più atteso. Isterismi vari negli uffici stampa per avere un accredito... Suona un gruppo indie super cool, le stelle del momento, e io non so nemmeno chi siano... Facciamo tutti finta di conoscerli e siamo vestiti da sedicenni, nonostante l'età media si aggiri sui quaranta.

Arriva, arriva, ed è già andata.

La festa, intendo. E come è andata?

Dunque: ho lasciato il mio biglietto da visita a un paio di tizi. Ho rivisto un tipo che mi piaceva ma che per motivi vari tra cui il non trascurabile dettaglio che sono una donna "un po' troppo intelligente per i miei gusti", parole sue, non mi ha mai voluta. Era con una ragazza carina, se ti piace il genere Chihuahua. Mi ha guardato per tutto il tempo mentre io consumavo la mia sciocca vendetta ignorandolo e affondando la bocca in un drink. Intanto pensavo, pensavo che avrei voluto essere con te...

Esco come al solito da sola. All'inglese, senza salutare chicchessia. All I want is you dei Roxy Music mi rimbomba in testa.

Don't want to hear/
What's going on /
I don't care /
What's new /
Don't want to know /
About anything /
'Cause all I want /
Is you.

Allora, siccome non è un periodo esattamente top, do ascolto all'amica saggia che mi dice "dai, esci, che t'importa anche se sei da sola, ti vesti carina, ti porti l'IPad, vai alla Feltrinelli di Piazza Aulenti, ti mangi una cosa, scrivi a qualcuno e magari fai anche qualche incontro interessante...". Un piano perfetto, se non fosse che: ti trucchi, metti quelle scarpe nuove fighissime ed esci.

Dopo dieci minuti avverti un dolore al piede destro manco t'avessero sparato un ago sul tallone (si sì, sexy le scarpe nuove...) arranchi come puoi, senza perdere troppa dignità fino all'ingresso. Ti metti in fila, paghi diciotto, dico diciotto euro per un panino e una coca cola. Ti guardi intorno e vedi solo signore dai capelli azzurrati e bambini. Poco male, cerchi un tavolo con una presa per IPad che funzioni. Al sesto tavolino trovi quel che cerchi.

C'è un casino totale, di leggere e concentrarsi non se ne parla. E quando alzi la testa noti che ti si è seduto di fronte con fare ammiccante minimo un sessantenne (però piacente, eh).

Sospiri, raccogli le tue carabattole, esci con la stessa dignità e ripercorri la via crucis col dolore ai piedi (adesso anche l'altra scarpa fa un male cane) fino a casa.

Nel frattempo ricevi un sms piuttosto inutile. Adesso sei a casa; a piedi nudi. Scrivi le tue ultime volontà su Fb (seppellitemi con una bottiglia di Krug millesimato, la mia borsa di Chanel rosa, e il mio unico paio di Louboutin originali) e cerchi il modo meno indolore per suicidarti.

9. Sola

Le regole - di Murphy - non sbagliano mai.

Metti che ci sia qualcuno che vagamente, forse, per una volta, potrebbe piacerti e aiutarti magari a dimenticarle l'uomo indimenticabile. Metti che nell'ordine si fan sentire: un modello olandese che vuol fare un remember, un direttore creativo di passaggio, un calciatore di serie A (ma ovviamente scarso in quanto non convocato) e l'idraulico. Metti che improvvisamente hanno tutti sete e vogliono uscire a bere qualcosa con te.

A) Stronzi, dove eravate quest'inverno quando avevi i piedi e il cuore gelati?

B) Siccome sei una brava persona, li mandi tutti a stendere e stai a casa; proprio perché sei una brava persona quello che forse ti piace sparirà senza un motivo apparente.

E dunque... È deciso: stasera vado al cinema, da sola. Ultimo spettacolo così c'è meno gente.

Detesto gli sguardi dei curiosi, gli sguardi delle signore a coppie di due, è come se le sentissi "ma come, una così bella ragazza che è al cinema senza nessuno". È che se aspetto poi con chi ci vado? Meglio da soli, nessuno che ti parla all'orecchio, ti godi le scene... Ma non è vero, mi auto convinco che sia meglio così, faccio di necessità virtù, esattamente come dicevano le nonne. Da sei anni, quasi ogni mercoledì sera.

Dell'Anteo conosco gli odori, le poltrone. Fila effe, possibilmente laterale. Certo sarebbe meglio al centro, ma poi devi far spostare la gente, davvero non mi va. Posso sgusciare via col buio, appena prima della fine dei titoli di coda quando solitamente si accendono le luci.

Ho fatto così anche stasera e mentre ripercorro a piedi la strada che mi riporta a casa ci sono tre tizi parcheggiati nella piazza. È quasi l'una e di mercoledì in giro con questo freddo non c'è quasi nessuno. Uno dei tre, ancora dalla distanza, mi dice "cara, ci puoi fare un favore?". Non leggo nulla di schifoso nella richiesta, probabilmente vuole dei soldi o una sigaretta, non lo so. Ha le braccia allargate e non si avvicina poi tanto; mi rilasso, prendo fiato. L'istinto mi dice che non sono in pericolo. Il mio sesto senso non fallisce quasi mai. Del resto lo alleno mio malgrado da sei anni. Alzo appena lo sguardo, continuo a camminare e rispondo "è un po' tardi e sono spaventata, vorrei andare dritta a casa". Il ragazzo capisce, torna sui suoi passi.

A volte per salvarsi basta dire la verità.

10. Auguri

È un giorno come tanti, se non fosse che aprendo la posta di Gmail c'è un tuo messaggio in primo piano.

Leggo il nome: un nome corto il tuo, accompagnato da quel cognome così d'effetto che se non avessi visto i documenti l'avrei creduto un nome d'arte. Una finzione. Finzione sì, perché alla fine tra noi cosa c'è stato di vero? Eppure sei tu, ancora, l'unico capace di turbarmi solo leggendo il tuo nome in grassetto, in una mail arrivata casualmente (casualmente?) il giorno di San Valentino.

Leggo quel nome e il cuore mi si ferma, fa un tuffo e poi riparte accelerando i battiti. Il sistema nervoso, saturo di adrenalina, fa l'occhiolino a quello endocrino e in buona sostanza ai miei neuroni scompigliati. Ho degli umori tra le cosce. Mi odio a morte. Non ci posso fare niente.

Provo a rilassarmi, le mani cercano d'istinto le sigarette come una tossica qualunque. Mi alzo dalla sedia, anzi no, scatto in piedi come

Bolt nei 200 metri piani e mi appoggio al muro. Le gambe tremano, non reggono il peso di tutto quel non vissuto, quel delirio di amore più che altro immaginato, ma comunque presente. Scivolo, lentamente, verso il pavimento. Mi accartoccio come una foglia secca, le mani sul viso poi in mezzo ai capelli. Mi ricompongo, mi risiedo.

Sono tanti i modi per contattare qualcuno, ma una mail da te non l'avrei detto. Cosa vuoi comunicarmi? La apro? La cancello? La cancello. Poi no, poi mi pento. Clicco velocemente restore e sei di nuovo lì in prima fila tra le altre ancora da aprire.

Ah, fossi qua cosa ti farei... Cosa ti ho fatto, e cosa ti farei; c'è differenza.

Perché oggi, fossi qua, ti picchierei. Sul serio. Ti stordirei con un calcio a bruciapelo assestato proprio lì e poi ti legherei da qualche parte, sei troppo pesante per trascinarti in giro. Il termosifone andrebbe bene. Niente di elaborato: due sciarpe, una cintura di cuoio per le gambe. Gli occhi bendati. Sarebbe facile.

Ti costringerei a scrivere con una penna in bocca: "non si illudono le brave persone" e quando sbagli, perché sbaglieresti, ti verserei gocce di cera calda sulla schiena. Poi, quando meno te l'aspetti, ti butterei addosso acqua gelata. Ti bagnerei anche di urina, ma sei un depravato e potrebbe anche piacerti. I tuoi vestiti tagliati con le forbici, i capelli, così biondi folti e morbidi, li raderei partendo dal mezzo della fronte. Ti lascerei moicano al contrario. Un clown, perché è quello che sei, alla fine, un pagliaccio con gli occhi lucidi, come i miei.

Gli occhi dei pazzi, dei creativi, delle anime profonde che si difendono, anche, con l'ironia. Ti lascerei così, almeno un paio d'ore: umiliato, indifeso, confuso, fragile, tanto per farti provare quello che provo io. Tutti i giorni da tre anni a questa parte. Aprire o non aprire? Cancellare o rimandare? Fanculo Signor The Voice, la apro.

Nella mail non c'è scritto nulla.

È un virus, uno stupido cazzo di virus che ha preso i tuoi contatti e ha mandato un link probabilmente inventato da un bimbominkia, un quindicenne malato e delirante che, me lo immagino, vive una vita parallela in qualche posto di Silk Road; laggiù nel cyberspazio profondo dove Satana o chi per lui sta vincendo contro tutti.

Nella mia camera da letto c'è Mark. Sta dormendo. L'avevo rimosso.

Mark, l'omone buono venuto dal Belgio, pare apposta, per salvarmi. Decido di avere una coscienza: lo sveglio e con dolcezza gli tolgo le manette, lascito di un gioco del pomeriggio. Mark, devo parlarti. Sono innamorata di un altro L'ho capito proprio oggi, nel giorno più stronzo dell'anno.

Insomma, avete presente le pene d'amore? Ecco, quel nodo allo stomaco che vi fa struggere dietro a quel tizio così carino che non vi si fila manco di pezza da tempo. Voi ce l'avete messa tutta in realtà, l'avete invitato ad aperitivi con amici, gli avete proposto vernissage esclusivi, biglietti per un concerto "davvero imperdibile" e cene a vario titolo per finire con: pizza e film questa sera a casa mia? Lui qualche volta ha accettato, qualche volta no ma quando l'ha fatto è stato sempre con quell'aria distratta di un tranviere della linea nove intento a pensare agli affari suoi. Sì, con voi è gentile, educato e ai vostri messaggi risponde sempre entro le 12 ore. Però, beh dai, è evidente che gli fate sesso quanto un divano dell'Ikea e a voi, casomai vi pensi, pensa come a una sorellina minore (sempre meglio che minorata) oppure a una persona con cui è piacevole chiacchierare e trascorrere del tempo ma che per una serie di considerazioni che lui ha fatto e che non vi riferirà mai, e forse a pensarci bene è anche giusto così, non vi prenderebbe mai in considerazione come fidanzata. Mai. È chiaro il concetto?

Una sera che eravate ubriachi avete limonato duro sotto il portone di casa per circa venti-venticinque secondi dopodiché lui si è elegantemente staccato e imbarazzatissimo ha bofonchiato qualcosa su una certa modella svedese che per altro ha visto due volte di sfuggita e che forse tornerà a Milano per le prossime sfilate ma forse, insomma, lui è cotto di quella lì, anzi l'ha vista due volte ma è proprio innamorato eh. E allora facciamocene una ragione. Facile vero? In teoria sì. Ma nella pratica? Nella pratica molto meno e allora è tutto un susseguirsi di incontri in amicizia sperando che le cose prima o poi cambino. Non cambieranno, ma voi insistete, vi struggete e ci state talmente male che improvvisamente la vostra migliore amica vi ricorda che là fuori, nel mondo, ci sono almeno due, dico due persone che fanno lo stesso per voi. Vi amano segretamente, dalla distanza, vi trovano bellissime, piene di fascino, interessanti e se solo voi gli faceste un cenno... Se solo... Ma non succederà mai perché voi questi due non li vedete nemmeno e se li vedete li considerate alla stregua degli amichetti a cui confidare le pene d'amore per il tizio di cui sopra che a sua volta è innamorato della modella svedese che a sua volta ha probabilmente perso (inutilmente) la testa per un barista gay di Berlino che a sua volta è segretamente pazzo d'amore per il suo capo felicemente sposato con prole. Consola tutto questo? Dovrebbe vero? Beh, a me personalmente no.

Devo fare qualcosa.

11. Sorprese

Te ne devi andare! Adesso. Subito.

Fai le valigie, raccogli tutti gli spilli, le forbici e anche quelle corde e vattene.

Ti sembro troppo secca? E cosa dovrei dire io? Quando si entra da qualche parte normalmente si bussa, le persone educate magari si puliscono i piedi sullo zerbino; invece tu no, sei entrata approfittando di una distrazione, avevo lasciato la porta aperta e non te ne sei più andata. Ubriaca, spesso. Ricordo ancora quella volta che la bottiglia s'è rotta e hai fatto quel segno che non andrà mai più via. Un memento alla mia sconsideratezza. Mia certo, mica tua. Tu qua ci vivi benissimo, ci stai comoda, che t'importa. Te ne freghi di tutto, sei al caldo e hai chi ti nutre. Ma io? Io al contrario deperisco e ho un freddo dentro di quelli come il freddo della strada, dei barboni, che portano la roba pesante anche d'estate. Ti resta dentro, il freddo.

Si mescola al tuo sangue e a quel punto sei fregato. Passerà, ti dici, non può durare per sempre. Ti dai del tempo, fai delle cose. Cerchi di volerti bene e intanto hai sempre più freddo. Passano dei mesi, alle volte anche degli anni. Alla fine dei brividi non te ne accorgi neanche più finché un giorno, in una giornata nemmeno tanto straordinaria, quando magari piove, succede che decidi che è finita. Non è che lo decidi, in verità succede e basta. E così, la metti alla porta, nemmeno la saluti, perché certo non è stata una grande coinquilina. Non l'aiuti neanche con le valigie. Sai che quella grandissima stronza della malinconia non tornerà. Mai più.

Ti bevi una tazza di latte caldo. Ascolti il silenzio. Sorridi. Sorridi certo, ma solo perché hai appena aperto una busta che aspettavi da tanto.

Gentile Signorina Zanelli, la Sua richiesta di una borsa di studio per proseguire il Suo percorso formativo a Los Angeles, è stata accettata. La preghiamo di contattarci al più presto per definire le ultime pratiche.

È andata.

Da stasera non si torna indietro. Al limite si avanza; tra meno di quindici giorni sarò in un nuovo continente, frequenterò un master che volevo frequentare da anni e tornerò a scuola. Anche se il solo pensiero mi fa rabbrividire... Avrei dovuto farlo prima, questo è ovvio, solo che prima le priorità erano altre: c'era il lavoro, c'erano gli amici, gli affetti e di sicuro mi mancavano le risorse.

I soldi aprono tante porte. Ricordo ancora con

un certo rancore alcune serate trascorse in una famosa discoteca milanese. Uno dei soci principali era il figlio di uno degli uomini più ricchi d'Italia.

Non è che ci andassi spesso eh, ci sarò capitata due volte in tre anni, ma rammento benissimo che si diceva che pioggia o sole, inverno o estate, quello era sempre lì. E, si diceva, mica lo faceva per seguire il business eh, che sia chiaro, solo che gli piaceva starsene lì, al riparo del suo privè, conosciuto da tutti, adulato, corteggiato e via dicendo. Ricordo di aver pensato che se io avessi avuto allora le sue possibilità, di certo non me ne sarei rimasta rintanata in quella specie di sottoscala; avrei viaggiato, magari in incognito, avrei visitato paesi lontani, avrei lavorato qualche mese sotto falso nome in una qualche azienda importante all'estero, mi sarei fatta una crociera in Polinesia sul panfilo di famiglia, avrei studiato alla Saint Martin, alla UCLA, alla London School of Economics, avrei pregato papi (e probabilmente ottenuto) di fare una internship all'Actor's Studio o magari addirittura all'ONU. Insomma, mi spiego? Invece quel bel ragazzo preferiva le veline e il popolo della notte. Che poi a pensarci bene è il problema dell'attuale classe dirigente nostrana, il padre in viaggio d'affari a Bucarest, la madre a Cortina: se hai bisogno di qualcosa chiedi a Emerson (il filippino) che vive con noi da tanti anni e... Ti saluto. Gli dedicherò: *Famiglia Cristiana*, degli Squallor.

- Pronto? È casa Robbilatti Borini Cardani Ciorotti Gullo?

- Sì.
- C'è il papà?
- Lo chiamo subito, chi è, il signorino?
- Pronto?
- Pronto.
- Sei tu?
- Sì sono io.
- Ti volevo dire...
- Dimmi Pierpaolo.
- ...che ho perso una cifra al casinò.
- Va bene non fa niente.

(*Famiglia Cristiana*, Squallor, 1977).

Ebbene sì, bambocciona un cazzo! Me ne vado. Un salto nel buio, o meglio, nel Nuovo Mondo.

12. Volare

Sono all'aeroporto e il secondo collegamento che mi porterà dall'altra parte dell'oceano (Parigi-Los Angeles) è già in ritardo.

La prendo con filosofia: in fondo il viaggio comincia dove finiscono le nostre certezze. Almeno si dice così, vero?

Mi piazzo in una poltrona dell'area vip; tessera scaduta da quasi un anno ma nessuno mi ha chiesto alcun documento. Mi rilasso ascoltando un po' di musica. La sala è strapiena, mi guardo intorno e osservo per un po' i miei probabili compagni di viaggio. Li guardo e penso anche che in caso d'incidente aereo saremmo stati tutti scelti dal fato e cerco di rassicurarmi cercando facce vincenti, gente che, sul serio, non dovrebbe morire così presto. Strano? Non saprei, ho sempre avuto una fottuta paura di volare. È molto stupido da parte mia, lo ammetto. Secondo le statistiche dovremmo farci il segno della croce, si fa per dire, ogni volta che saliamo su un'auto e non su un potentissimo jet, eppure l'ansia pre-decollo mi prende immancabilmente ogni volta che sento il carrello dell'aereo che sale e la pompa idraulica, credo, che ritira le piccole ruote e le inghiotte nella sua pancia di balena volante.

Devo distrarmi: vado in toilette anche se al momento non ne ho alcun bisogno; mi controllo il trucco che è come al solito poco ma ancora al suo posto. Mi guardo allo specchio e quello che vedo non è niente male: una ragazza piuttosto carina, mora e con gli occhi verdi. Troppo alta, quello sì, ma complessivamente aggraziata e sopratutto non vestita con una tuta di poliuretano come quella che è appena uscita da uno dei bagni. Davvero non capisco come facciano certe persone a vestirsi così male in aereo. Va bene lo stare comodi, ma qui si esagera...

Torno nella saletta, di fianco a me c'era un tizio americano bellocccio; non lo vedo più ma ha dimenticato un piccolo quaderno su cui prima stava scrivendo. Stanno chiamando per l'imbarco. Che faccio? Certo, la logica mi dice che dovrei consegnarlo allo steward di sala, ma se l'americano era in vacanza e in Europa non ci torna mai più? Per come funzionano certe cose potrebbe anche riceverlo indietro tra due anni. O magari mai. E se nel quaderno non c'è il nome? Sicuro che l'americano è sul mio aereo perché l'avevo notato anche sul Malpensa-Parigi, quindi meglio portarmelo dietro. Ho deciso, glielo riconsegnerò personalmente una volta salita sul boeing.

Niente, mi hanno fatto salire dal fondo dell'aereo e dell'americano manco l'ombra, probabilmente è seduto in business class. Beato lui.

Ma leggere gli scritti altrui è reato? Boh, intanto ho aperto la prima pagina: as a reward... Caspita! 500 dollari di mancia per chi dovesse trovare questo quaderno e si prega di restituirlo a... Non c'è un nome, solo un indirizzo di Beverly Hills. La trama si infittisce...

Insomma sono qua, ci hanno già portato la colazione e non ho niente da fare. Vediamo cosa può valere 500 dollari di mancia.

Mi tuffo nella lettura e ciò che leggo è questo:

"Appoggio il bicchiere di whiskey sul pianoforte a coda. È il primo whiskey della giornata, sono soddisfatto di me anche se noto che sono solo le sei di pomeriggio. Dovrei smettere di bere così presto, anzi potrei bere presto e finire di bere altrettanto presto, o al limite incominciare tardi, così da non ridurmi a una specie di gelatina dagli occhi verdi ogni volta che esagero, cioè vale a dire quasi ogni due giorni oramai. Devo riprendermi, in casa non è rimasto più nessuno, ci dovrebbe essere ancora della coca da qualche parte se non che Raffaela, quella nuova domestica grassa la deve avere nascosta da qualche parte. Dice che lo fa per il mio bene, ma secondo me appena può se ne infila una busta in borsetta e va a far festa col giardiniere. Ramon deve essere uscito, anche se non ha salutato. Guardo fuori dalla vetrata, verso la piscina e vedo quei maledetti orribili Rottweiler che mi hanno fatto comprare. Per la mia sicurezza dicono, ma dubito fortemente che qualcuno si prenda la briga di venire a svaligiare la casa di un attore, anzi di un caratterista che non lavora da almeno otto mesi. E poi a ripulire la casa ci ha già pensato la mia ex moglie. Ah!

Comunque quei due cani prima o poi mi faranno impazzire: ti arrivano silenziosi dietro alla schiena e si piazzano immobili alle tue spalle, come statue di sale. Ti giri di colpo e ogni volta c'è da prendere un infarto. Ho persino dovuto chiudere la gatta nell'altra ala della casa.

Ragioni di sicurezza...

Bah, prima o poi li rivendo quei cagnacci schifosi. Nel frattempo ho trovato la coca: non quella di Asunción, questa era una scorta personale per le emergenze, una piccola quantità che tengo in un vaso cinese dell'ufficio. Una riga appena, così, tanto per riprendermi, per affrontare il red carpet di stasera senza barcollare né dare di matto per il tedio e la noia mortale di queste pagliacciate tutte uguali. Giornalisti, sorrisi, circostanze, battute da copione e come ti vedo in forma e che bel vestito e tu devi sorridere e dire che è di Armani, altrimenti quel finocchio finisce che poi non te li regala più e allora la costumista deve fare uno sforzo di immaginazione – iddio non voglia – e guadagnarsi finalmente quelle migliaia di dollari che le passa la produzione. Soldi rubati.

Se rinasco potrei fare il costumista, quello sì. Ho un certo gusto innato, quasi europeo direi e comunque in fatto di eleganza sul red carpet ho sempre fatto la mia bella figura.

Solo lei ha sempre trovato qualcosa da ridire, ma non in tono di rimprovero, anzi adoravo, adoro la sua ironia così sfacciata. La piccola italiana che mi prende in giro, una persona così vera come solo gli italiani forse sanno essere. Una donna speciale che mi sono lasciato sfuggire perché alla fine sono un grandissimo coglione. Uno che ha fatto fortuna con degli occhi verdi e un minimo di talento e che era al momento giusto nel posto giusto. Ma umanamente sono un colabrodo emotivo. E lei lo sa.

Aspetta, che ore sono in Italia adesso? Mi sa che la chiamo. Se solo trovassi il cordless cazzo. La chiamo e le dico del red carpet e lei sarà contenta e finiremo per tutto il tempo a parlare di quello. Metterà giù e penserà che l'ho chiamata ancora una volta per farmi bello, per parlare di me. E forse avrebbe nuovamente ragione. È meglio se la chiamo domani. Mi vibra il cellulare, è arrivata la Limousine.

Un ultimo controllo allo specchio, un ultimo sorso, un'ultima riga... Sono perfetto.

Salgo in auto e la limo procede come un pesante transatlantico in manovra.

All'interno dell'auto c'è Jim, il press agent della produzione: è un uomo sempre entusiasta e per questo lo detesto. Mi saluta con il suo miglior sorriso. Ricambio con un'occhiata e un ciao di circostanza. Mi siedo lontano da lui tanto posto ce n'è e quello capisce immediatamente che oggi non è aria.

Il suo lavoro verrà complicato dalla mia presenza. Ho dimenticato gli occhiali da sole. Non ci posso credere: un attore può uscire senza portafoglio o carte di credito tanto qualcuno che paga per lui lo troverà sempre, può uscire senza chiavi di casa, la sorveglianza o il personale lo faranno comunque rientrare ma non può, ripeto non può uscire senza occhiali da sole, in una giornata così poi è imperdonabile. Glielo dico: Jim, ho dimenticato gli occhiali. Sono quasi contento perché gli sto dando una seccatura. La prima della giornata probabilmente, ma quello non si scompone, l'inossidabile Jim col suo bel kit da press agent perfettino tira fuori quattro paia di occhiali nuovi, ancora avvolti da un panno e infilati nelle custodie. – Nessun problema Chris, in ogni caso avresti dovuto metterti questi, per via dello sponsor, anzi se te lo chiedono ricordati di menzionarlo sul carpet.

Sorride di nuovo Jim e mi fa l'occhiolino, come se fosse una cosa che potrei dimenticarmi, come fosse un piccolo segreto un po' depravato condiviso solo tra noi. È proprio un imbecille, penso. M'infilo gli occhiali, bofonchio un grazie e mi guardo in uno specchio. Non male, dopotutto. La limo fa una sterzata e poi si ferma. Aspettiamo.

Aspettiamo ancora.

La porta dell'auto si apre, vedo quattro mani femminili che incorniciano la portiera e sento odore di lacca per capelli. Un piede fasciato da una magnifica Louboutin color carne dal tacco altissimo s'infila nella limo, l'altro piede la segue e poi entra tutta insieme una nuvola rosa di cipria e chiffon e perline. È Anita, la coprotagonista del film. A voler essere precisi il coprotagonista sono io. Lei ha molte più battute di me e la produzione ha pensato e cucito il film su di lei. Io sono arrivato dopo, con un contratto a uno zero in meno e per tutta la durata della pellicola mi limito a sorriderle ammirato a ridere delle sue battute e a scoparla ogni tanto. Come un qualsiasi uomo normale davanti a una dea insomma. La guardo, sorrido e lei sorride di rimando. I denti smaglianti, le labbra appena riempite di filler, il botox iniettato di fresco sulla fronte. Le tette gonfie al punto giusto, tonde e sode tenute insieme dallo speciale nastro adesivo che si usa quando non metti il reggiseno. Lo stesso adesivo che le vedevo perennemente attaccato sul set. I lunghi boccoli neri le scendono sulle spalle, le extensions non si notano affatto, nemmeno da vicino. Le unghie di ceramica sono lucide e gli occhi sono due pozzi neri dove per un attimo mi perdo. La osservo senza pudore: non indossa neanche le mutandine, con quell'abito si vedrebbero sicuramente. Le guardo le lunghe gambe e le braccia toniche e il cazzo mi si gonfia per l'eccitazione.

Avrà fatto minimo un mese di training e di dieta e di prove e riprove di abiti e accessori e di trucco e di chissà quali altre diavolerie in vista di oggi. Mesi e mesi di fatiche per un venti minuti in mondovisione se ti va bene e vinci qualcosa. Diversamente parliamo di tre minuti scarsi di interviste e poi foto e foto e ancora foto e giudizi sul tuo look che potrebbero condizionare la tua carriera futura portandoti alle stelle o, se hai sbagliato qualcosa, giù tra la middle class di Hollywood. Dove in pratica sono io.

Anita questo non me lo ha mai fatto pesare, devo dargliene atto. Professionale il giusto, amichevole il giusto e nelle tre scene di sesso che abbiamo dovuto girare non ha fatto troppe storie. Non si è chiusa in camerino per ore in preda all'ansia, non ha fatto scenate né pianti isterici davanti al regista perché aveva la pancia gonfia e le smagliature, non ha dato di matto guardandosi il girato. Quando ha notato le sue varie imperfezioni, si è rivolta al regista in tono pacato ma fermo.

– Questa la rigirate con una controfigura – ha detto. – E questa ovviamente la aggiustate in post produzione.

Fine della storia. Dopotutto era scritto anche sul suo contratto e il regista si è limitato ad annuire. Forse è per quello che la pagano così tanto. È una che sa quel che vuole e non arriva quasi mai in ritardo. Non la vedevo da sei mesi, oggi è molto sexy anche se non è il mio genere di donna. Sul set era premurosa ma oggi sembra diversa, molto più affabile, più gatta... Sembra quasi fatta di qualcosa: ansiolitici forse o uno stimolante di serotonina. Magari è solo perché quello a essere leggermente fatto sono io. Ah!

Il viaggio è lungo e tedioso. Mi avvicino, tento di sedurla e mi faccio pena da solo. Incredibilmente Anita ci sta. Allungo la mano sotto il suo vestito, salgo lento, le accarezzo le gambe chilometriche, salgo ancora e mi soffermo nell'interno coscia. Arrivo più su e le infilo un dito dentro. Mi muovo lentamente. Ha gli occhi socchiusi di piacere, ma la sua vagina è secca. Sarà per via di quello che ha preso. Vorrei baciarla, attirarla più vicino e scompigliarle i capelli. Anita intuisce, capisce, fa di no con la testa. Un gesto appena. In mondovisione non si accettano capelli scompigliati. Si scosta da me. La limo arriva a destinazione. Mi fa un sorriso complice ma già distante anni luce. La rivedrò forse al party, ma so già che è stato un attimo di debolezza, un incidente. E a dirla tutta di lei non me ne frega un cazzo. Qualcuno mi apre la portiera. Sorrido e senza farmi notare annuso il mio dito che è appena entrato dentro ad Anita. Non sa di niente. Chissà cosa mi attenderà stasera: un nuovo giro di giostra nella città degli angeli."

Ma sarà vero? Se questa è l'atmosfera di LA, cosa ci vado a fare? Speriamo che tutta questa decadenza americana poi non mi contagi.

Insomma siamo atterrati sani e salvi: il dio del volo mi ha graziata anche questa volta.

Mi sento un po' affaticata, recupero il mio bagaglio a mano e m'infilo nell'hub ed eccolo! L'americano alto e belloccio che adesso inspiegabilmente indossa degli occhiali da sole e un paio di tizie l'hanno fermato per farsi una foto. Oddio, forse quello che ho letto è accaduto realmente.

Mi faccio coraggio, lo rincorro (patetica), lo fermo e senza tanti giri di parole gli mostro il quaderno. – Questo deve essere tuo – gli dico. Sorriso da squalo di lui.

– Grazie tesoro mi hai salvato la vita!

– Ehm... di niente, figurati.

Lui sa che io so. Sa che ho letto tutte le sue parole ma non è per niente imbarazzato. O forse sì, mi abbraccia. Un abbraccio distante, senza calore, quello tipico degli americani quando vogliono farti sentire che ti sono vicini. Adesso quella palesemente imbarazzata sono io.

Si riprende il diario, mi strizza l'occhio e trotterella via.

Dei 500 dollari di reward manco l'ombra, manco un accenno. Ok, sono in America da nemmeno un'ora e ho già compiuto una buona azione. Sono contenta così.

13. Arrivo

Eccomi arrivata a Los Angeles.

Finalmente.

Si riparte con una nuova vita. Via dall'Italia, via dai milleeuroalmese più i bonus che non vedevo mai, via dalla Milano con la nebbia d'inverno e l'afa d'estate, via dalle camicie botton down azzurrine e, sopratutto, via da te. Perché dico di non pensarti, ma ci sei, annidato, sempre lì, bastardo.

Più lontano vado, e meglio è. Ellei, LA, è proprio dalla parte opposta a dove stai tu, o quasi. Cosa vado a fare a Los Angeles?

In Italia si parla tanto di fuga di cervelli: beh non pensate a quello in quanto la mia materia grigia mi ha abbandonato da un pezzo. Sono una stupida, questo è assodato. Non ho particolari qualità, se non una capacità precisa quanto inutile, tanto presente quanto inopportuna: non m'innamoro spesso, anzi, ma quando lo faccio capita sempre con la persona più sbagliata o complicata, o entrambe le cose, dell'intero stato, persino dell'intero continente in cui sto vivendo in quel momento. Così la mia vita si complica in modo assurdo e scrivo cose di cui mi pento e combino dei casini inenarrabili perché oramai è chiaro come già ampiamente detto e confermato da dati empirici, che sono una irrecuperabile deficiente.

Però, però... Una borsa di studio l'ho vinta. Non so ancora spiegarmi come abbia fatto, ma so per certo che grazie a quei diecimila euro a fondo perduto, riuscirò a cavarmela qui, dall'altra parte del mondo, almeno per un po'.

Arrivata, dicevo, e subito Lost in Translation perché un conto è venirci per turismo e tutt'altro prendere casa, iscriversi all'università e vivere, ad esempio, con una filippina figlia di immigrati che si alza tutte le mattine alle cinque per farsi la piastra ai capelli...

Ora, non voglio fare la Severgnini della situazione che già c'è (e magari avanza) però, sono rimasta colpita dalle evidenti anomalie del sistema America: appena arrivata all'immigration ho dovuto compilare il loro form per tre volte.

Avevo scritto male (apposta) un indirizzo di un amico per non dire che ero all'università. Scrivere meglio, please.

Ok, rifaccio.

Al tipo poi sembrava mancare qualche informazione essenziale come il numero del mio volo. D'accordo. Ma a che pro? Ovvio che non sono arrivata all'aeroporto a nuoto. Ok, rifaccio e lascio passare il prossimo...

Al mio terzo appuntamento credevo che "*Mr.*

Immigration" Gonzales Felipe Martinez scherzasse quando mi ha intimato di rifare il tutto e di aggiungere il numero di telefono del mio "ospite" qui a LA.

Basita ho cercato di ribattere che avrei dovuto accendere il pc e trovarlo. Impassibile mi ha fatto cenno di accoccolarmi sulla moquette vicino a una signora distinta, architetto svedese, anche lei in cerca di dati persi nei meandri dei taccuini elettronici. Le ho detto che in casa avevo alcune cose dell'Ikea, così, tanto per sentirla più vicina, lei ha accennato un pallido sorriso e si è rituffata nella memoria virtuale.

Insomma, alla fine me la sono cavata e sono uscita da quella trappola per topi che mi è sembrata essere il Los Angeles Airport.

Lì fuori ho fumato la mia prima sigaretta dopo quindici ore. Fi-ga-ta. Stavo quasi per svenire dall'ebbrezza. Una ragazzina vestita da prostituta e grassa come un maiale mi ha guardato con disprezzo.

Welcome to Usa!

14. Campus

L'università: sono arrivata verso le tre del pomeriggio. Il tassista indiano col quale a malapena ero riuscita a comunicare l'indirizzo, mi ha scaricata in un vialetto ben curato con l'erba tagliata di recente e il porfido tirato a lucido.

Neanche mezza cicca per terra né che so, l'anello di una lattina. Il niente più assoluto, la pulizia totale. Awesome! (che poi qui si dice "awesome" praticamente per tutto).

Ma poi...

Ho arrancato per le strade del campus in compagnia di un valigione formato famiglia per circa due ore. Manco un cane a cui chiedere informazioni. La famosa organizzazione USA in realtà non esiste. È una roba inventata per far colpo sui turisti. La burocrazia imperversa e non ho mai compilato tanti moduli in vita mia; soprattutto moduli che mi chiedessero sempre le stesse informazioni in tutte le salse:

– Hai un telefono?
– Ehm... Sì, ma italiano...

– Chi contattiamo in caso di bisogno?

– Mia madre in Italia.

– Dacci la tua email. Dove vivi?

– E che ne so! Sono appena arrivata!

– Ok, hai un id number? Noo? Allora torna dopo che l'avrai.

E via così, un gioco dell'oca infinito.

Ci ho messo un casino ad avere la connessione internet e il resto.

Insomma, c'è voluto un po' ma adesso ho una stanza, una coinquilina (quella della piastra per i capelli) e soprattutto una ID CARD senza la quale non posso nemmeno andare al gabinetto.

La ID card è la certificazione della tua identità di studente e senza quella sei fottuto.

Sono stata così, "aliena" per un paio di giorni ma adesso ho un bel badge con la mia faccia sorridente che mi spunta dalla borsa. Ogni tanto lo tocco, giusto per assicurarmi che sia ancora lì.

A proposito della "casa", il sedicente appartamento merita una nota a parte.

Ebbene sì, sono una maniaca dell'ordine e a volte mi capita (soprattutto in caso di stress) di sistemare per colore anche i calzini. Non è una roba di cui vantarsi, lo ammetto, però è così.

Beh, qui ci rinuncio. Non c'è speranza. L'unica nota positiva è che sono scesa a patti con Veronica, la coinquilina. Io le permetterò di far dormire il suo ragazzo in casa "nostra" una volta alla settimana, cercando di rientrare tardi e/o dormirò sul divano, ma lei non metterà più la sveglia alle cinque bensì alle sette meno un quarto. La vita è un eterno compromesso.

Quello che ancora non ho è un telefono cellulare americano. Qui al campus tutti, ma proprio tutti ne hanno uno.

La cosa entusiasmante è che nessuno ha suonerie invasive e devastanti, non vedi gente che manda sms come forsennata e, sopratutto, se ti stanno parlando e il telefono squilla, nessuno si azzarda a rispondere troncando la conversazione a metà. Civilissimo.

Nota a margine: ricordarsi al rientro in Italia di indire una petizione per l'abolizione delle suonerie polifoniche.

Los Angeles comincia a piacermi.

15. In-da-ghetto

Giovedì. Venerdì. Sabato.

Ho un cellulare americano. Cercherò di usarlo all'*american way*. Silenzioso e discreto. Il problema è che così perdo quasi tutte le chiamate e non ho ancora capito come far funzionare la segreteria telefonica dove ho almeno quattro messaggi in attesa di essere ascoltati.

Pazienza.

La mia università, la USC, è proprio situata nel peggior quartiere di Los Angeles. Allora, com'è questo ghetto... Mmh difficile fare ironia su questo argomento perché non ho mai sperimentato nulla del genere. Davvero.

In generale posso dire che stride un sacco vedere gente dell'età di mia nonna completamente fatta e sconvolta dal crack già alle nove del mattino. È, al solito, un enorme controsenso pensare che una delle migliori università d'America (carissima) sia situata in un posto del genere.

Studenti dell'upper class americana che si trovano a convivere, non sempre pacificamente, con la working class degli immigrati e degli afroamericani. Oddio! Sto già parlando come una yankee. Solo ieri avrei tranquillamente scritto neri.

Beh, qui É più salutare dire afroamericani... per farla breve ho imparato a mie spese a evitare totalmente l'eye contact con chiunque.

Porto sempre gli occhiali da sole ora, così se per sbaglio osservo qualcuno, almeno non corro il rischio di essere fraintesa... Inoltre, insomma avete presente il sole di Los Angeles? Non è uno scherzo, è una luce dolce, di taglio, bellissima per scattare le foto, ma non è certo il massimo per gli occhi.

Comincio a capire le star di Hollywood che girano perennemente con gli occhialoni scuri. Per il sole e per non far vedere che sono completamente fatti di cocaina, ma questa è un'altra storia.

Infine: una ragazza da sola non può andare in giro dopo le sei di sera.

Visto che le mie lezioni finiscono di solito tardi alle 10 o 10.30 pm, ho due alternative:

1) Farmi scortare da un compagno di classe, ma comunque trovi sempre qualcuno che ti urla dietro qualcosa o ti infastidisce.

2) La polizia privata.

Giuro. La polizia privata è un servizio offerto dal campus. Tu li chiami prima, fissi l'ora e loro ti passano a prendere con l'auto della polizia, la divisa e il resto e tu sali in auto con loro. Ti portano dritti a casa, aspettano che entri.

Tu fai ciao ciao con la mano e loro se ne vanno.

Sembra atroce ma non lo è... O meglio... I primi

giorni ero un po' tesa, ma adesso c'ho fatto l'abitudine e il ghetto non mi disturba più di tanto.

Certo che se pensi a una come J Lo che è vissuta in un posto simile, beh, puoi capire come mai adesso che è ricca e famosa, chieda solo rose bianche e divani in pelle Frau nei camerini dei backstage.

Ora vado, devo capire come funziona una lavanderia a gettoni e farmi il bucato.

16. Shopping

Ci sono alcune cose su cui vale la pena soffermarsi prima di procedere oltre.

L'Elegance: un posto fantastico dove fare shopping.

Sottotitolo: come partire con una valigia piena di carta e dvd e tornare con la stessa piena di fuffa a poco prezzo.

Non è una nuova catena, non è nemmeno uno shopping mall, quanto piuttosto qualcosa a metà tra un grande bazaar marocchino e il Docks Dora dei bei tempi andati.

Il proprietario è un cinese, sposato con un donnone ispanico che è la vera forza traente della Elegance. In questo universo colorato e confuso trovi donne di tutte le razze e i colori (me compresa) accumunate soltanto dall'istintiva propensione alla scoperta purché a prezzi non superiori ai 20 dollari. Come dire: quello che per te è robaccia immettibile, magari per qualcun'altra è un favoloso tesoro.

Trovo divertente che lo stesso principio possa essere applicato nelle relazioni sentimentali. Pensateci.

Insomma ero depressa (sì, si può essere depressi anche a Los Angeles, anche d'estate e anche se si è una taglia 42) così me ne sono andata un po' in giro per fare shopping; più che altro diciamo che si è trattato di rifarsi gli occhi; nel senso che adesso mi bruciano, che ho bisogno di un collirio per quanto poco stile ci sia in questa città. Non è per voler per forza essere snob, però ve lo devo dire.

A parte Melrose Avenue e Beverly Hills che è un po' tipo il quadrilatero della moda milanese, (però attenzione, ci troverete tutto quello che gli stilisti non venderebbero mai in Europa) ci sono alcuni negozi multimarca interessanti come Kitson ed Open Ceremony mentre il resto delle boutiques è talmente inutile da non meritare particolari menzioni.

Diciamolo: lo "stile americano" è pura invenzione. Le dive e i personaggi famosi, una volta scesi dal red carpet o quando non appaiono in pubblico o sui giornali in stile publiredazionale con almeno due stylist che si sono occupate del loro guardaroba, preferiscono un approccio decisamente più semplice, più naïf, più... Ehm... Spontaneo? Tutto questo giro di parole per dire che si vestono davvero alla cazzo. Del resto basta aprire una qualsiasi pagina di People per rendersene conto.

Ora, io capisco che i tacchi sono scomodi, che il verde è un colore difficile, che avere sempre i capelli in ordine è pura utopia, ciò nonostante, un paio di infradito di gomma, un pantalone/tuta di Gap, una t-shirt slabbrata e un cappellino da baseball non rappresentano per niente la mia idea di outfit informale e sportivo. Nemmeno per stare in casa davanti alla tv.

E infatti l'altro giorno ero sulla Main Street a Venice con la mia amica italiana Francesca che si è trasferita qua da un pezzo. Entravamo e uscivamo dai negozietti che si avvicendano lungo l'ampia strada e almeno tre ragazze mi si sono avvicinate facendomi i complimenti per come ero vestita. Ero piacevolmente sorpresa: prima di tutto, a Milano, prima che una donna ti faccia un complimento sincero deve minimo aver incontrato Gesù o essersi convertita all'amore universale o qualcosa di simile in quanto la maggior parte delle sconosciute che incontri per la strada, se ritengono che tu sia vestita bene ti squadrano da capo a piedi con aria invidiosa, se decidono che sono meglio loro, ti fulminano con aria trionfante e infine, se ritengono di aver perso la competizione (ma perché?) alle volte decidono di fingere di ignorarti completamente guardando apposta dall'altra parte. Sto divagando... Ero lì con Francesca e mi sono presa questi complimenti sinceri e, vi dirò, ero un po' stupita. Così ho guardato la mia amica con un sorriso e un'aria interrogativa stampata sulla faccia. Lei, vecchia volpe, mi ha detto ridendo: sai, qua non ci siamo abituati!

Da lì ho capito che andare in giro di giorno a LA con un mezzo tacco, una gonna a ruota bianca, una t-shirt nera avvitata, coordinata con una borsa di Chanel bianca e nera è qualcosa che va oltre lo stile. È una dichiarazione d'intenti.

Due giorni fa per esempio ho messo i tacchi alti anche al campus. Ho violato tutte le regole base (a parte l'eye contact che avevo già violato prima). Questa trasgressione sottile e perversa mi ha divertito un sacco. Come me ho visto fare solo dalle ragazze cinesi. Pardon, asiatiche. Ma lì c'è ovviamente un complesso di statura...

Tornando allo shopping, fossi in voi l'unico luogo in cui mi concentrerei è il Fairfax Vintage Market: dove, per una volta sul serio, si può trovare il vero vintage a prezzi favolosi. Certo, le camicie hawaiane abbondano, così come le gonne a ruota e i vestitini anni settanta.

Occhio solo a non farvi prendere la mano: ciò che sembra opportuno e cool sul posto potrebbe rivelarsi totalmente immettibile una volta rientrati a casa, in Europa. Personalmente mi sono concentrata sugli arredi: c'erano bellissimi bauli vecchi e credenze shabby chic decappate, specchiere Liberty e moltissimi mobili indocinesi. Avrei davvero comprato tutto, poi mi sono ricordata che vivo nel ghetto con una coinquilina che ama la fòrmica e il linoleum e allora ho lasciato perdere.

Disponibili in qualsiasi shopping mall di Los Angeles ci sono invece i prodotti di bellezza: complice anche il cambio col dollaro, mi sono comprata tutto il comprabile in fatto di creme, trucchi e prodotti per i capelli. Che poi, come dice la mia amica Mariella: "Quando Dio stava dando i capelli tu eri distratta, però quando distribuiva gambe e bocche eri attentissima!".

Vorrà dire che quei quattro peli che mi ritrovo in testa, grazie a tutti questi prodotti americani saranno lucidissimi e bellissimi. Tiè.

17. Classe

Devo assolutamente parlarvi della mia classe. I miei compagni sono quasi tutti americani e hanno all'incirca ventidue o ventitré anni a testa.

A parte, ovviamente, "lei".

"Lei" è la maniaca-dei-corsi-hippy-vegetaria-na-tardona-single (questa in particolare proba-bilmente anche lesbica) che chiunque di voi abbia frequentato almeno un corso nella vita – anche solo di cucito e macramè – ha incontrato sul suo cammino. Questa del mio corso è proprio una brava persona, sa tutto di chakra e macrobiotico, un cazzo di film e cinema ed è gentile e cordiale con tutti.

Da adulta spero vivamente di non diventare così.

Tornando al resto dei miei compagni di corso: ok, ci sono i soliti due o tre anonimi (poverino uno ha sedici anni e non so veramente di che parlare dopo un po').

Un simpatico cino/americano che arriva in Mercedes Roadster ed è un genio dell'Avid, una bionda odiosa paffuta e saccente col naso da cane pechinese (rifatto? Io e lei ce lo chiedevamo con malizia), un sudafricano skater bello come il sole, una specie di barbie furbetta e con la battuta pronta e, per finire, un ragazzo taciturno di origini indiane che, lo sento, ci stenderà tutti girando uno spot da paura.

La lingua: l'inglese, un perfetto sconosciuto.

Parlando con gli indigeni, quando capiscono che non sono americana (circa dopo tre secondi di conversazione) mi chiedono sempre se sono per caso australiana.

Alla mia risposta, tutti, indistintamente, accennano qualche parola di spagnolo confondendolo chiaramente con l'italiano di cui nessuno pare abbia un'idea precisa.

Non ci penso un secondo – almeno gli anni con quello stronzo del mio ex sono serviti a qualcosa – e rispondo a tono.

Mi sto facendo un sacco di amici nella working class e tra gli immigrati.

Non c'è niente da fare, qui le classi esistono, eccome! E gli orari d'uscita anche. E prima o poi uscirò anch'io.

18. Tonight

Ta-dah! Los Angeles by night!

Evviva. La mia prima serata fuori dal ghetto. Ancora non riesco a crederci: sono a Hollywood. Proprio a due passi dal cartellone. Due passi si fa per dire, of course.

Insomma, ho deciso di accettare l'invito di questo regista belga che si è trasferito qui di recente con la sua compagna. Mi è sembrato di passare dall'inferno al lusso più sfrenato in quindici minuti di metro. Ok, adesso scatta la provinciale latente che c'è in me, ma io un posto così FA-VO-LO-SO non l'avevo mai visto se non nei libri di design extralusso. Scusate.

Noi milanesi che facciamo i fighi in Corso Garibaldi pensando che sia cool non abbiamo veramente capito un belino.

Dicevo dunque che ero stata invitata in questo posto. Sunset and Vine, l'indirizzo. Appena uscita dalla metro mi sono trovata a camminare sul famoso viale con tutte le stelle dei divi.

Momento topico.

All'inizio non ero sicurissima di voler calpestare

coi tacchi tutte quelle celebrità ma poi, vedendo la stella di Michael Jackson, ho deciso di non avere più remore e di proseguire dritta per la mia strada.

Arrivo dopo un blocco all'indirizzo del mio amico: portineria extralusso supermoderna dove un distinto afroamericano in divisa mi chiede sostanzialmente chi cazzo sono e cosa voglio.

Ennesimo siparietto: "Ehm... scusa se te lo chiedo ma non è che per caso sei australiana?"

No ecc ecc...

– Holà, bienvenida senorita el Senor la espera arriba!

Sigh.

Insomma, salgo le scale, plexiglas semitrasparente e acciaio, e mi ritrovo in una specie di ampissima corte con palme giganti in vaso, divani in tessuto ecru, beige e bianchi, tende in organza ton sur ton e, qua e là, grandi camini fintissimi ma di grande effetto che accendi premendo un bottone.

Del mio amico neanche l'ombra.

Il cellulare suona. Pianissimo. Rispondo, e il tipo mi dice che mi aspetta in piscina. Ok, dove per l'esattezza?

Segui la musica è la risposta.

Effettivamente mi accorgo che Billy Idol (Bllly Idoool?) sta cantando a squarciagola:

Now I close my eyes/
And I wonder why/
I don't despise/
Now all I can do.
Is love what was once.

So alive and new/
But it's gone from your eyes. I'd better realise/
Les yeux sans visage eyes without a face.
Les yeux sans visage eyes without a face.
Les yeux sans visage eyes without a face /
Got no human grace your eyes without a face.
Such a human waste your eyes without a face.
And now it's getting worse.

Parole come il piombo. Faccio un respirone e ricaccio indietro le lacrime. Sono qua per divertirmi, dopo tutto.

Arrivo in piscina... trenta metri di lusso totale più Jacuzzi a nove posti, più i soliti cuscini e palme, più musica anni ottanta a palla, più palestra con vista su piscina che in confronto il Downtown è una bocciofila dell'Arci.

Mi voglio trasferire qua per sempre.

Mi sistemo sul lettino e piglio il sole dopo i convenevoli di rito tipo gran-bel-posto e vuoi-da-bere-si-grazie...

Anzi no! Non posso esimermi dallo sbirciare i presenti: cazzo. Sembrano tutti delle rockstar.

Belli, giovani abbronzati, palestrati/tettute ricchi&famosi. Fantascienza allo stato puro.

Ok, dov'è la sòla? No perché una fregatura ci deve essere... O no?

Attendo e nel frattempo il regista e la sua ragazza (un donnone enorme con due spalle da olimpica di 1000 metri rana, alta due metri e venti) mi fanno salire nel loro appartamento.

Più o meno stesso scenario. Ok, mancano piscina e palestra ma la Jacuzzi c'è! Certo, è un po' più piccola di quella della parte in comune ma non voglio fare la difficile.

Seguono chiacchiere varie sul lavoro e il biz mentre ci prepariamo per la cena e il party successivo a casa loro.

La cena va via liscia e già lì comincio a conoscere attori/attrici/produttori e così via...

Il party: dopo mezzo minuto che siamo a casa vedo che c'è un via vai nel boudoir (leggi stanza dei vestiti per i non udenti) che manco in Piazza Cadorna alle sei di sera.

Ok, la bamba è lì.

Cerchiamo il bar.

Rivedo gente che non vedevo da un anno, conosco un dj famoso; la sua ragazza mi chiede il numero di telefono squittendo subito dopo aver saputo che sono italiana. Non abbiamo ancora parlato. Manco per due minuti.

Non so nemmeno come si chiama perché alla prima non l'ho afferrato per via della musica a palla.

Capisco solo che è una sciroccata giapponese che va pazza per gli italiani, sta bevendo quello che mi risulta essere ecstasy liquida (mdma per i più esperti) e che mi chiamerà di sicuro domani.

Per dirmi cosa ancora non so. Ma tanto io e voi sappiamo che grazie al cielo e con un po' di fortuna non chiamerà.

È poi il turno di un altro ganzo che è sicurissimo di avermi vista in quel film. A sentir lui ero pure brava.

Mah... Io non mi sono poi piaciuta così tanto. Aha!

Subito dopo mi si avvicina sto tipo veramente carino di nome Jay. Avrà sì e no venticinque anni.

Ne ha ventuno, lavora agli Studios Paramount e siccome è un tipo preciso ci tiene subito a dirmi che anche lui abita nel building e che paga 11.000 dollari al mese d'affitto.

Sticazzi.

Jay mi alita sul collo per un pezzo fino a che riesco a togliermelo di torno raggiungendo altre quaranta persone strette come sardine che fumano su un minibalcone.

Fumare è una cosa veramente orribile qui e va fatta di nascosto.

Jay non fuma. È ubriaco come una spugna, avrà tirato un pezzo da solo, quasi non si regge in piedi ma non fuma.

Lo vedo sparire nel bagno da dove riemerge con un colorito verde spento. Siccome è sempre un tipo preciso mi comunica che ha rimesso e che ora è sobrio e che ci terrebbe a far conversazione.

Addio.

Ora è il turno di Adam, attore fallito australiano, lui sì, gay e uno dei pochi che non ci abbia ancora provato con nessuna delle presenti.

Tutte le donne dovrebbero avere almeno un amico gay. Sono i migliori. A loro piaci così come sei, se ti cercano è solo perché vogliono la tua compagnia, perché gli stai simpatica, perché ti trovano intelligente... Se sei giù e hai bisogno di coccole e li abbracci, non gli viene mai un'erezione. Sono davvero il massimo.

Mi metto sul divano a chiacchierare con Adam che scopro essere una persona molto interessante e dalla mente lucida. Il tempo scorre e sto già pensando con orrore al ritorno in taxi nel ghetto; saranno almeno ottanta dollari oltre al rigetto che mi sovviene pensando all'ambientino...

Saluto tutti e faccio per andare quando una biondina simpatica e il suo fidanzato, impeccabili, mi offrono di dormire da loro.

La loro casa è più grande di quella del mio amico e così accetto. In fondo loro li conosco dalla cena, che a Los Angeles è praticamente come dire da una vita.

Una rampa di ballatoio e siamo a casa loro.

Sono veramente gentilissimi e hanno una casa da favola.

La biondina con l'aria da Bambi mi dà due alternative: tesorino, se vuoi puoi dormire sul divano oppure venire di là nel lettone, in mezzo, con noi. Lui sorride dolcemente.

Scusa?

Eh no bella, prima mi intrappoli a Hollywood e poi mi incastri in un triangolo a tradimento solo perché non so dove dormire?

Fottiti, anzi fottetevi tra voi. Se ci riuscite.

Ehm, grazie, il divano andrà benone. Notte.

Loro non fanno una piega, mi danno una coperta

in più e ritornano alla festa dove, a questo punto, dovrebbero essere rimasti solo il regista e la sua ragazzona formato extralarge. Meglio non indagare...

Mi sveglio e loro sono lì, per nulla affaticati, belli come due attori di soap opera e senza una ruga. Al contrario, io rantolo ancora in totale hangover da gin lemon.

Il divano di alcantara beige era un po' corto, ho una gamba anchilosata.

Probabilmente sarà da amputare.

Una rapida occhiata allo specchio del bagno e scopro di avere anche:

1) un segno da cuscino tipo lettera scarlatta sulla guancia (a questo ci sono abbastanza abituata);

2) una specie di cilicio intarsiato nella carne per aver dormito con le mutandine, cosa che non faccio mai, ma che dati i presupposti... Meglio i solchi sulla pelle! Come si dice dalle mie parti quando vuoi evitare di lasciarti andare sessualmente: mutande di ghisa.

3) Un'incrostazione di matita nera sugli occhi che mi dà l'aria di un panda tenero e un po' stropicciato.

Voglio il mio eucalipto!

Scendiamo in piscina e lui mi compra acqua, caffè e sigarette e mi tratta come se mi avesse appena chiesto di sposarlo.

Lei pure.

Dei miei amici, quelli belgi, quelli non nuovi, insomma avete capito, si è persa ogni traccia.

Staranno ancora dormendo?

Bof, io mi rinfresco in piscina e nel frattempo mi faccio nuovi "amici" tipo un produttore di musical che non si sa mai...

Stasera Adam mi avrebbe invitato in questa villa di un suo amico che è sposato con quell'attrice che ha girato di recente non ricordo.

Basta.

Grazie.

Per ora scendo.

Il prossimo giro gratis magari lo faccio tra un altro week end, ok?

19. Compitini

Oggi girovagavo per il campus: Ok, tutti abbiamo visto almeno una volta Animal House o qualche altro film ambientato in un'università americana. Però, quanti di voi ci sono realmente stati?

Io ad esempio, che di film per teenager me ne sono sciroppata un bel po' avevo un'idea del campus che era tutta sbagliata.

Adesso ve lo spiego: per chi non lo sapesse il campus è un enorme villaggio turistico.

È delimitato da porte – come le città a pianta romana – con l'ufficio postale, i ristoranti a tema, i teatri, il cinema, i negozi, le biblioteche, le librerie, i centri e gli uffici delle facoltà, i dormitori, i parcheggi e via così.

Ogni edificio ha un nome, sono tutti imponenti e leggermente in stile palladiano con tanto di colonne di finto marmo sparse qua e là.

Appena arrivata mi è stata data una bella mappa colorata con la quale orientarmi. Però, visto che gli edifici sono veramente tanti, hanno pensato bene di scrivere delle abbreviazioni: così ad esempio L'LPB corrisponde al Marcia Lucas Post Production che, tradotto in soldoni sarebbe il laboratorio di post produzione. Ugualmente, il KAB acronimo di "Kennedy Family Aquatics" (ma allora perché non KFA o KAF?) sarebbe, volgarmente tradotto, la grande piscina olimpionica.

Chiarissimo no?

Sarà, ma io, mappa alla mano, mi ci sono persa circa un miliardo di volte.

Gli edifici sono in gran parte dedicati a benefattori del passato e dunque quasi tutti hanno nomi di gente morta. Inquietante.

A me in fondo è andata bene perché le mie facoltà si chiamano "Robert Zemeckis Center" e "George Lucas Building". Quantomeno, loro, sono ancora vivi.

Il corso: seimila dollari buttati nel cesso?

No, dico, e questa dovrebbe essere la seconda se non prima scuola d'America di filmmaking?

Ok, ok, Zemeckis e George Lucas sono di casa e l'altro ieri ho chiacchierato con Bob Weide.

E settimana prossima ho sentito dire che arrivano la Cardinale, Asia Argento e forse Tom Hanks!

Sono felice, mi si alzerà finalmente la temperatura ormonale che sembra invece essere sottozero ultimamente. Ok, lo confesso, mi piacciono quelli con l'aria da bravi ragazzi, e allora?

A parte ciò, (come scriveva qualcuno in una famosa canzone che in questo momento non ricordo, se qualcuno pesca nella memoria meglio di me, si accettano suggerimenti) *Is that all?*".

Di fatto, le lezioni sono tenute da un direttore creativo alto un metro e venti che si cotona il ciuffo per sembrare più alto.

So tutto su come funziona un'agenzia, sul processo creativo, su come scrivere un'idea che funzioni in video e bla bla bla...

Per due settimane non s'è parlato d'altro, poi improvvisamente a qualcuno è venuto in mente che c'è un cortometraggio da fare e di fatto in due giorni questo è stato il programma:

1) Pensa a una storia da raccontare.

2) Disegnati il tuo storyboard con tanto di posizioni della Mdp: tempo dedicato = un'ora.

3) Gira in digitale una storia inventata da te che comprenda, nell'ordine stabilito, tutte le inquadrature esistenti utilizzate nel cinema dai Fratelli Lumiere in avanti. Dal pp al dutch angle. Tempo a disposizione = un'ora emmezza.

4) Avid e montaggio: ok boys, ora che avete imparato come si gira (ah, davvero?) dovete imparare a montarvi lo spot da soli. Quindi due ore di Avid tutte per voi! Due ore? Ok, in due ore ho imparato a malapena a caricare e catturare il materiale e a fare una selezione delle scene (il linguaggio tecnico in americano non aiuta).

Va bene che sfido chiunque altra producer italiana a saperne di più, ma come monterò il mio spot resta un mistero che dovrò risolvere da sola la settimana prossima.

5) Dimenticavo le luci: ecco, questi guanti oversize con scritto il tuo nome a pennarello, sono per te, così non ti scotti con le luci.

Adesso sei un direttore della fotografia. Complimenti!

Merda.

Molto bene, ora che sono sia regista che direttore della fotografia non mi resta che scrivere il soggetto.

Cosa girerò?

Inizio la ricerca nel pc tra i mille soggetti che ho iniziato a buttare giù per l'occasione.

Difficile scegliere, il tema è libero. Dopo averne letti un po' sono così stressata e indecisa che quello che segue mi sembra una buona idea col giusto adattamento.

"Il vuoto è freddo, grigio e profondo. Come uno specchio che però non riflette nulla. Mi sporgo ancora un po', il busto adesso è proteso verso il vuoto. Le mani no, quelle stringono ancora con forza il corrimano del piccolo balconcino che si affaccia svogliato sull'interno di un cavedio. Avrei dovuto protestare. L'hotel è un cinque stelle romano, di quelli dietro a palazzo, dove si parcheggiano i politici in trasferta a spese nostre. Cosa ci fa una ragazzina come me qua? Le sedicenni dovrebbero fare una vita diversa, frequentare pensioncine per bene con le lenzuola un po' lise ma che sanno di bucato fresco. D'altra parte volo su jet privati da quando ho sette anni.

Dovrei dormire, forse in un ostello della gioventù? Il vuoto è freddo, grigio, profondo. Non mi attira in realtà. Non è la meta ad attirarmi, ma il viaggio.

Un volo a 360 fotogrammi al secondo, rallentato. Chissà se poi è così per davvero. Ho paura del male che sentirei, dei rumori delle ossa rotte, del sangue sul cemento e del mio cervello fatto in poltiglia. Sangue ce n'è anche qua, sul letto. Non è tanto in verità. Pensavo peggio. Quando l'uomo con la cravatta ha finito è stato anche gentile, quasi paterno.

Mi ha dato un bacio in fronte, mi ha rimboccato le coperte e poi è andato in bagno a lavarsi credo e infine è tornato da me, per controllare che stessi bene, per un'ultima carezza sulla fronte. Ha chiuso la porta ed è tornato giù alla festa dagli amici e da sua moglie. Era tranquillo, ne sono certa. D'altra parte ha scelto me perché era sicuro, mi ha annusato e deciso che la prescelta ero io anche perché non avrei mai parlato. Mi ha letto l'anima molto bene devo dire. Non potrei mai dirlo. Tecnicamente sono ancora vergine.

Respiro l'aria dell'alba. Il balconcino è pulito, il corrimano anche. Qualcuno prima di me ci si è aggrappato di recente, ci scommetto. Mi sporgo ancora un altro po', appena appena. Quel tanto che serve per sentire un brivido. Sono viva. Il ricordo che serberò per sempre del sesso è quello di un ansimare sudato di una cravatta attaccata a un collo attaccato ad un uomo che ci dà dentro deflorandomi l'ano. Fa ancora male.

Mi scendono le lacrime: una goccia si stacca come rugiada da una foglia. Cade giù in fondo al cavedio per un viaggio che mi sembra eterno ma che non fa alcun rumore.

Lui lo sapeva che non l'avrei mai detto. Lo

sapeva.

Adesso sono in un sottoscala della mia anima e quello che vedo deve essere un prequel del mio inferno personale. Roba sopportabile, se sei fatto di Diazepan. Trovo la forza e mi stacco dal balcone. Chiudo la finestra, chiudo le imposte prima di cambiare idea e tiro anche le tende.

Afferro una penna e trovo della carta. Non lo dirò mai, ma posso sempre scriverlo. "Il vuoto è freddo, grigio e profondo..."

A fine lettura, penso a quanto gli americani siano sessuofobici. O solo pudichi? Allora provo a pensare come verrebbe se girassi quest'altro racconto:

"Prima di scendere la scaletta dell'aereo tolgo dishdasha, gutra e igal e metto abiti europei. Un completo grigio scuro di Armani, camicia bianca e una cravatta di Marinella; parte di una serie comprata per me l'anno scorso dal mio assistente durante una vacanza nel Mediterraneo.

Indosso scarpe Ferragamo.

Nuove e dure come l'acciaio.

Salgo sulla Mercedes nera. Saluto con un cenno un autista che non conosco. Ci perdiamo nel traffico di Londra.

Scendo velocemente: sembro un uomo d'affari qualsiasi, forse leggermente più elegante della media. La riunione è nel solito posto: la vecchia libreria di Hatchards. Un discreto ingresso secondario porta direttamente al secondo piano, in una parte non accessibile al pubblico e da lì è sufficiente spostare uno specchio vittoriano per arrivare nella grande sala. Ci sono quasi già tutti.

Sul grande ovale d'ossidiana che funge da tavolo, c'è un piccolo buffet e qualche bibita. Niente alcolici. É la regola ed è sempre stato così, almeno per quanto ne possa sapere un sultano arabo entrato a far parte del club da circa nove anni.

Non è un circolo degli scacchi questo, niente a che vedere con il priorato di Sion, i Rosacrociani o qualunque altra congrega di infervorati religiosi.

Siamo lontani anni luce da quell'insignificante gruppetto di sinistroidi in loden dei Bilderberg; capaci al limite di risolvere tutti insieme le parole crociate domenicali del Sunday Times. No, non siamo gli illuminati, nè gli uomini in nero e non siamo nemmeno ascrivibili alla cerchia dei massoni: un branco di arrivisti ossessionati dall'esoterismo e dagli elementi pitagorici. Non abbiamo nessun simbolo segreto, nessuna stretta di mano particolare. E a che servirebbe? Siamo sessantasei, ci conosciamo tutti. Siamo gli uomini e le donne più ricchi del pianeta.

Le persone più influenti del mondo da un punto di vista strettamente economico.

E veneriamo il male. Il dio denaro, il capitalismo nella sua forma più estrema. Se aveste occasione di parlarci in libertà – ma badate bene, questo privilegio non l'avrete mai – vi diremmo che abbiamo un obiettivo più ampio, che il mantenimento dello status quo è la nostra priorità, il controllo delle nascite e tutto quel blablabla su Africa e Cina e sulla gestione delle risorse naturali. Sarebbe sempre amorale, ma la realtà è che siamo anche molto peggio di così.

È vero, le Guidestones in Georgia sono un nostro lascito ma in realtà sono balle; linee guida buone per lavarci la coscienza.

Oggi siamo qua in riunione straordinaria: quel vecchiaccio svedese ha deciso di lasciare il timone per dedicarsi al suo amore di un tempo: la costruzione di miniature ingegneristiche fatte coi fiammiferi.

Deve pagarla cara, è deciso. Deve capire che certe posizioni non si lasciano per raggiunti limiti d'età o per stanchezza... Regine inglesi più importanti di lui l'hanno capito e per quelle che non volevano capire, beh, non c'è stata compassione.

Fossero stati altri anni, l'avremmo fatto fuori in modo estremamente discreto, ma poi che insegnamento ne avrebbero tratto lui o le generazioni a venire? Molto meglio un batterio, un'arma sottile e discreta che gli procurerà perdite per almeno un paio di milioni di euro. D'altra parte il profitto – o il mancato profitto – sono armi convincenti e letali; esattamente quanto un omicidio ben architettato. Tempo e risorse e puoi praticamente fare qualsiasi cosa. Inshallah. La riunione è chiusa.

Ritorno al mio jet. Sono eccitato. Una vergine di tredici anni è incatenata alla spalliera del mio letto. Regalo di un amico, a cui a mia volta ho donato una delle mie figlie un paio di anni fa. Quel buco stretto, il sangue rosso, due occhi che ti guardano intimoriti e sorpresi. È come decidere della vita o della morte di un cerbiatto indifeso. Ovviamente quel cerbiatto vivrà; ma niente è come il pensare che quell'essere puro e inviolato ti ricorderà per sempre. Quasi meglio del potere dei sessantasei."

Ecco, gli arabi forse non sono molto apprezzati in USA. Questo lo escluderei. Potrebbe essere quest'altro il soggetto:

"Gli uomini li ho sempre fatti impazzire: l'ho imparato a mie spese quando avevo dodici anni. Destino strano il mio, voluta e amata alla follia da maschi che per me hanno sacrificato reputazione onore principi e, qualche volta, la vita.

Sono dannata, condannata a un'esistenza solitaria. Una scia di morte dove eros e thanatos mi perseguitano beffandosi delle mie aspirazioni.

Il primo è stato Giovanni: un ragazzo semplice che quando ha saputo che tra noi era finita non si è rassegnato. S'è gettato dal sedicesimo piano. È morto in ospedale. Il secondo è stato mio marito: io, la figlia di una sarta e un ferroviere, spostata col notaio più ricco della città. Spudoratamente, schifosamente, ostentatamente ricco. Servitù in casa, famiglia nobile, villa a Montecarlo e auto d'epoca.

Soffriva di diabete in forma grave. Nessuno ha fatto domande. L'abbiamo cremato e dopo qualche mese ero così affranta e disperatamente sola insieme a tutto quel denaro, che ho licenziato la servitù, venduto le auto e sono scappata in Brasile.

A Rio per un po' ho ritrovato la pace, fino a

quando ho incontrato Miguel. L'unico che davvero abbia amata. Mi ha convinto a investire in pietre preziose: diamanti ma soprattutto rubini e smeraldi. Una cassaforte piena di sassi luccicanti. Gli ho comprato vestaglie di seta, orologi d'oro e persino una Bentley grigio fumo. Era nato straccione e straccione è rimasto: a voler essere sinceri, di quella Bentley sembrava l'autista, ma a me stava bene così.

Lui invece si sentiva un eletto, il predestinato a più grandi successi. Mi ha fregato. Sono viva, sepolta in una bara dopo una puntura di tetrodossina che quel fesso del coroner non si è neanche preso la briga di rilevare. Morirò qua dentro, l'ossigeno sta per finire e Miguel si godrà il frutto di una vita di sacrifici, la mia, e spenderà le pietre in champagne e puttane.

Me lo merito.

Giovanni, che è stato il primo, era ossessionato.

Mi aspettava davanti a casa, Non uscivo quasi più; così dopo mesi di tortura sono andata a casa sua. Torniamo insieme, d'accordo gli ho detto.

Ma devi darmi una prova, se mi dovessi stancare di nuovo, quando ti dirò che è finita, tu rispetterai i miei desideri. Farai tutto ciò che ti dico di fare. Dammi una prova, ho detto, dimostramelo.

Sali sulla finestra.

E l'imbecille rideva e saliva e non era nemmeno salito del tutto che è bastata una piccola spinta per farlo precipitare di sotto. É stato in coma quattro giorni quell'idiota. Ho pregato tanto. Finalmente quel suo inutile cervello si è arreso e con esso se n'è andato anche Giovanni. Un cretino intrappolato in un corpo discreto.

Anche con mio marito è stato facile. La bolla d'aria che l'ha ammazzato, più nota come embolia gassosa, gliel'ho iniettata io. Stava dormendo.

Non s'è accorto di nulla. Era pieno di buchi per via del diabete. C'è stato un tenente che per qualche giorno ha sospettato di me, ma il cadavere era stato cremato e tempo una settimana il bel tenentino era già finito nel mio letto.

Gli uomini si sentono tanto potenti e superiori, ma non c'è nulla come un pompino ben fatto che renda qualsiasi maschio un essere con la stessa spina dorsale di un gamberetto. Se poi è innamorato (ma questa è tutta un'altra storia) potreste fargli fare qualsiasi cosa.

Miguel l'ho sottovalutato, e mi sono innamorata. Due errori fatali. E dico sul serio.

 Vorrei andare oltre, raccontare la mia storia a qualcuno, ma quaggiù nessuno mi sente e tra poche ore sarò morta."

Insomma, questo soggetto non s'ha da fare. Devo trovare qualcosa di meno drammatico. Sarà l'ansia da prestazione che mi fa deviare verso questi toni così noir?

20. Ciak

È arrivato il momento di organizzare il casting. I permessi per la location chiaramente non li ho, ma anche questo è un dettaglio trascurabile. Per il casting ho circa sei ore. Un vero lusso.

Le riprese:

Sono le nove e vado sul set con la mia troupe sgangherata composta da: Lei, la solita maniaca-dei-corsi-hippy-vegetariana-tardona-single (assegnata d'ufficio), un tizio del corso che magari una mano me la dà, un simpatico afroamericano reclutato da lei.

Fine della troupe.

Avevo stabilito di girare a Hollywood, proprio davanti al teatro cinese.

Ovviamente non esisteva nessun location manager e così ero andata il giorno prima a vedermi lo spazio da sola. Mi sembrava il posto ideale.

Non sapevo però che il giorno designato per le mie riprese ci sarebbe stata la prima del film di Johnny Depp.

Cazzo.

Transenne ovunque, luci (americane, appunto, come si vedono ai concerti) tv, elicotteri, fotoreporter e giornalisti di tutto il mondo e il Boulevard letteralmente invaso da migliaia di ragazzini urlanti e cartelloni.

Batman, Robin, Catwoman, l'Uomo Ragno, Charlot ed Elvis in giro per le strade.

Per finire, una moltitudine di gente vestita in modo assurdo che in confronto il nostro carnevale è una riunione di direttori di banca.

Insomma Hollywood è come se da noi fosse Natale e carnevale insieme tutti i giorni.

Delirio totale e consumismo spinti agli estremi. Mioddio!

Vorrei una foto in cui bacio l'uomo ragno sulla bocca (come nel film, lui che si toglie la maschera eccetera eccetera...) sarebbe romantico, ma non ho veramente tempo.

Niente panico, trovo una soluzione per salvare il mio set: un parcheggio privato che dà sull'uscita laterale del teatro. Tranquillo (relativamente) controllabile (parzialmente) ma indiscutibilmente di grande effetto visivo.

Pago i miei quindici dollari d'ingresso, parcheggio la macchina e incomincio le trattative col proprietario per poter mettere giù quella parvenza di attrezzature che ho e girare.

Indovinate un po'? Il tizio è sudamericano, ma che novità! E il mio spagnolo mi salva anche stavolta. In cinque minuti e due ciglia sbattute al momento giusto ho l'ok per girare a patto che non gli disturbi il business.

Arrivano i miei primi due attori: sono professionisti con cui la scuola ha un accordo speciale e così non devo pagarli, ma solo offrir loro il pranzo.

Sono impressionata dalla professionalità di questi tizi!

Sono vestiti e pettinati esattamente come ho chiesto loro di fare – styling e trucco parrucco sul mio set ovviamente non ci sono – sono puntuali, estremamente disponibili e per farli recitare basta mostrare loro lo shooting board, spiegare la situazione ed ecco che in mezzo minuto sono nella parte, suggeriscono nuove idee e mi bastano tre takes a testa per portare a casa buona parte dello spot.

Altro che quel branco di brocchi indolenti che ti ritrovi su certi set italiani.

Insomma, in quattro ore ho tutto il materiale che mi serve e pertanto chiamo il wrap time (leggi: è ora di andare a casa) e, giusto in quel momento, dalla porta laterale del Chinese Theatre chi ti sbuca?

Johnny Depp e Tim Burton!

Oddio.

Sono proprio loro, proprio come si vedono al cine. Ora non chiedetemi come era vestito Johnny e se era veramente figo. Lo era, certo che lo era! Per ora lasciatemi scrivere che io sono lì, a quattro metri da loro e li guardo inebetita.

Ho già messo via la camera e il resto e il cellulare italiano che fa le foto è al campus. Non c'è più niente da fare. Mi viene un po' da piangere.

Nessun video immortalerà mai questo momento. Pazienza. Dovrete fidarvi di me.

Alcuni giorni dopo:

Ho visto il girato, non male. Effettivamente ho imparato a montare su quel cazzo di Avid Xpress Pro.

Ho anche fatto una piccola color correction – sempre con quella trappola di Avid – e infine ho rallentato i fotogrammi giusto di uno zic così da poter inserire più dettagli. Alla fine ho fatto un bel rendering e ho salvato tutto su un dvd nuovo di zecca mettendo in loop il film per tre volte.

Ho dovuto presentarlo in classe davanti ad una tipa, direttore creativo della McCann e a Bill, il producer dei due registi di American Pie.

La tipa mi ha fatto i complimenti, mi ha dato il biglietto da visita e ha detto di chiamarla nei prossimi giorni.

Mi viene un sano dubbio: Che forse quei seimila siano stati ben spesi?

Ecco un breve
Glossario per neofiti da set

Avid Media Composer: è un software. Un programma per computer (che personalmente trovo difficilissimo da usare) con cui si realizza il montaggio elettronico digitale, è stato brevettato dalla Avid Technology, Tewksbury, Massachusetts nel

1994.

Boomer: chi regge il microfono e insieme al fonico si occupa di registrare i suoni e le voci in presa diretta.

Cast: tutti gli attori, principali e secondari, che partecipano a un film.

Ciak: (in inglese clapperboard) è composto da una tavoletta su cui sono riportate tutte le indicazioni utili dell'inquadratura: dal suo numero, al numero della scena, dal tipo di ripresa, al time code e altre indicazioni. I dati scritti sul ciak serviranno in seguito al montatore per identificare con esattezza il girato. Di conseguenza, nel gergo cinematografico, il termine ciak è usato anche come equivalente di ripresa ("girare tre ciak" significa girare la stessa inquadratura tre volte). Nella fase di sincronizzazione dell'audio il rumore prodotto dal ciak servirà a determinare il punto esatto, ossia il fotogramma, in cui agganciare la colonna sonora.

Clapper loader: anche chiamato secondo assistente operatore. Si occupa di maneggiare e riporre la pellicola sia prima che dopo che è stata impressionata e quindi usata sul set, per farla breve, si occupa dei negativi prima che questi vengano stampati, e si occupa del ciack e di mantenere e scrivere tutte le note che riguardano il reparto macchina da presa.

Color Correction o Color Grading: il processo di alterazione e miglioramento delle varie caratteristiche di un'immagine cinematografica o televisiva

Dutch angle: complicato descriverlo a parole, di fatto è l'inclinazione della mdp un po' in sbieco…

più o meno...

Focus puller: è il responsabile della macchina da presa, sostituisce le ottiche, regola il diaframma e mette i filtri a seconda delle indicazioni date solitamente dal direttore della fotografia

Fotogramma: ognuno dei quadri in cui è suddivisa la pellicola impressionata. Scorrendo alla velocità di ventiquattro al secondo, i fotogrammi proiettati danno l'impressione del movimento.

Location manager: è responsabile di trovare luoghi disponibili per le riprese, richiedere i permessi etc. etc.

Mdp: macchina da presa, inutile aggiungere altro.

Medium full shot o piano americano: immaginate che vi facciano una foto che è tagliata alle ginocchia. Ecco, così.

Close up o primo piano: immaginate di farvi una selfie dove vi inquadrate dalle spalle fino alla testa. Ecco, così.

Very Close up o primissimo piano: immaginate di farvi una selfie tagliandovi per sbaglio una parte di mento o di testa e dove vi si vedono anche le rughe. Ecco, così.

Reel o Showreel: è il video del portfolio di un artista. Ha l'obiettivo di promuovere il talento, la bravura e l'esperienza di un artista nel suo campo (recitazione, regia, etc). Nello showreel bisogna quindi inserire immagini di lavori precedentemente svolti e delle migliori performance, creando una sorta di video curriculum

Rendering: è un termine che si usa nell'ambito della computer grafica; identifica il processo di "resa" ovvero di generazione di un'immagine a partire da una descrizione matematica di una scena tridimensionale interpretata da algoritmi (processi matematici) che definiscono il colore di ogni punto dell'immagine.

Set: il luogo, convenientemente allestito, in cui si compiono le riprese di un film, in un teatro di posa o all'aperto.

Shooting board: insieme di disegni che mostrano le inquadrature che saranno girate sul set.

Per ulteriori e decisamente più precise informazioni, consiglio di consultare il G. Vezzoli, Dizionario dei Termini Cinematografici con le doppie traduzioni Inglese/Italiano, Italiano/Inglese edito da Hoepli.

21. Dangerous

Me lo avevano detto ma io non ci credevo: "Vedrai, prima o poi ti verrà la crisi di rigetto. Ti verrà voglia di casa, di cibo italiano e dei tuoi amici".

Dico ma scherzi? Io abituata a viaggiare qua e là come una trottola, voglia di casa dopo solo tre settimane?

Ebbene sì. Oggi sono in crisi e vedo tutto nero.

Qualche irritante novità in arrivo dall'Italia in effetti ha contribuito, ma in ogni caso oggi vorrei seriamente essere da qualche altra parte; qualunque altra parte piuttosto che qua, nel "mio" ghetto e nella "mia" personalissima California.

Lo so, lo so che ci sono un sacco di cose positive negli USA, ma oggi, in questo esatto momento, io gli americani li detesto cordialmente.

Loro e questo cibo tremendo che ti propinano in continuazione.

Parlare del cibo però no, vi evito l'argomento perché sarebbe troppo facile, come sparare sulla Croce Rossa.

Meglio forse un mini racconto un filo più sofisticato sulle mie recenti esperienze?

Stamattina per l'appunto sono quasi stata arrestata.

Non è stato nè bello nè eccitante.

Me la sono cavata con una multa o con "idoneo provvedimento che la corte potrà prendere in seguito".

Veniamo al motivo.

Gentili signori e signore della giuria, lo ammetto, ho attraversato a piedi la strada (zona di traffico secondario) non esattamente sulle strisce ma a circa 6 metri di distanza dalle suddette!

Ripeto, ero a piedi.

Certo, signori della giuria, con tutti i drogati, rapinatori e sciroccati che ci sono in questo quartiere il mio atto criminale è preoccupante.

E di sicuro denota una personalità disturbata se non addirittura anarcoide!

Sono colpevole. Abbiate misericordia e compassione.

Insomma questo poliziotto mi ha inseguita con la sua moto proprio come in Chips solo che al posto di Poncharello e il suo sorriso rassicurante c'era un tizio nero come la pece che non sorrideva proprio per niente.

Vista la fama della polizia locale, m'è andata bene che prima di chiedermi i documenti (la famosa ID) non mi abbia sparato alla schiena.

Però, l'aspetto più triste della vicenda è che quando ho cercato comprensione tra i miei amichetti locali non ne ho trovata affatto. A parte una di New York che ha alzato un sopracciglio, tutti gli altri hanno preso le parti dell'uomo nero in divisa.

Certo, hanno detto, poteva evitare di darti la multa visto che era la prima volta e poteva darti invece un avvertimento, ma di sicuro passare gli incroci non sulle strisce è pericoloso.

PE-RI-CO-LO-SO?

Ma se vanno come lumache e su quella strada non c'era nessuno né a destra né a sinistra per miglia!

Questa gente dovrebbe guidare una domenica d'inverno con la nebbia sulla provinciale per Modena; così avrebbe un'idea più precisa di ciò che significa "incrocio pericoloso".

E poi, tanto per continuare col pessimismo, questa è una società abituata a non pensare ed è basata sul terrore.

Tutto ciò che fai, ammesso che sia legale, è "a tuo rischio e pericolo".

Ci sono più cartelli di attenzione in un metro quadrato qui in California che in tutta la Lombardia.

Dal pavimento bagnato (uhhhh) ai cartelli appesi in ogni fast food "quello che mangi può sostanzialmente causare il cancro e malattie vascolari" (ma va?). Per continuare con le indicazioni nutrizionali onnipresenti, con gli speed limits ogni tre metri, gli allarmi d'ogni tipo e i warnings sulla sicurezza e le esercitazioni (obbligatorie qui al campus) per essere "mentalmente pronti" a qualsiasi evenienza: dall'incendio, ai terremoti, alle invasioni di cavallette, alla messa al bando dei marshmellows!

Orrore!

Esempio pratico?

Eccolo qua: non è stato semplicissimo, perché praticamente nessuno li vende, ma ho appena comprato un accendino: un Bic normalissimo che però ha un bell'adesivo che toglierò immediatamente, sbeccandomi le unghie, nel quale sembra che abbia appena acquistato una Beretta calibro dieci carica.

Sto rigirando il mio bicchiere di polistirolo, e quindi potenzialmente cancerogeno, di Starbucks che contiene circa mezzo litro di simil-caffè.

Gira che ti rigira ne trovo una bellissima: "attenzione, il caffè contenuto all'interno di questo bicchiere potrebbe essere molto caldo".

Ecco, dopo questa io oggi gli americani li odio.

Domani forse andrà meglio.

22. Awesome

Sms! Una dichiarazione d'amore? Oddio, questa veramente non me l'aspettavo. È da qualche giorno che cerco di organizzare un pranzo con il mio amico Anthony.

Anthony è un tizio simpatico e molto intelligente che conosco da circa quattro anni e che vedo una volta l'anno in Francia. Regolarmente andiamo a cena insieme, si ride e si scherza e morta lì. Oltre ad essere totalmente distante dai miei canoni estetici (totalmente unfuckable, rendo l'idea?), anagrafici e volendo anche geografici e culturali, Anthony è sposato e, credo, ha tre figli piccoli.

Stiamo chiacchierando del più e del meno e della sua timing super incasinata che lo porterà per lavoro prima a New York, poi a Tokyo poi a Londra e infine non so dove per circa tre settimane.

Di fatto stavolta non riusciremo a vederci.

Nel mezzo della conversazione gli scatta qualcosa: comincia a blaterare di matrimonio finito, divorzio, necessità urgente di vedermi, stima da sempre, cotta da liceale per la sottoscritta, eventuale ri-fidanzamento e vieni a vivere qui.

Sono le otto e mezzo del mattino e mi sta parlando dal cellulare.

La dichiarazione d'amore più americana che abbia mai ricevuto!

A questo punto, per sfuggire all'americanismo imperante sono addirittura uscita con un italiano figlio-di-papà-che-si-crede-molto-figo e con un inglese figlio-di-papà-molto-figo-che-non-sa-di-esserlo.

Presi insieme sono accettabili e soprattutto condividono con me il disagio di essere europei.

L'inglese che in realtà proprio europeo non è, si lamentava ad esempio dello scarso senso pratico dimostrato dal suo compagno di stanza americano. Qui è estate piena e la notte comincia a fare abbastanza caldo. Caldo relativo. Scordatevi le torride notti italiane che appena ti muovi sudi.

L'americano comunque dorme con il pigiama, le lenzuola, il piumone invernale e l'aria condizionata a manetta.

Non sarebbe più intelligente provare a dormire, che so, con le sole lenzuola e limitare il gelo, e i consumi energetici, facendo pure un passo verso il trattato di Kyoto? Nossignore.

L'inglese, che il piumone non l'ha ovviamente portato in valigia, ha il raffreddore costante e mi ha chiesto in prestito una coperta.

La cosa che infastidisce invece l'italiano, e credetemi che lo capisco, sono gli elicotteri.

Ne passa uno rasoterra praticamente ogni quarto d'ora.

È un rumore a cui noi europei non siamo per niente abituati mentre gli indigeni qui non fanno una piega.

Passi per i petrolieri texani in vacanza, passi per le celebrità che evitano il traffico delle autostrade, ma quelli che veramente non si sopportano sono gli elicotteri della polizia con quelli dei canali tv attaccati in coda pronti a riprendere inseguimenti, rapimenti, fughe e quant'altro.

Mi fanno venire in mente un'immagine: avete presente quegli squali che viaggiano accoppiati sempre a un pesciolino più piccolo che mangia gli avanzi del pesce grosso e in cambio il piccolo, che si chiama Remora, tiene pulita la pelle dello squalo? Difficile stabilire chi sia il pesciolino e chi il pescecane.

Bene, ogni quarto d'ora un elicottero della pula passa sopra casa mia. Se poi cercano qualcuno, l'elicottero si abbassa rasoterra e comincia a girare lentamente in tondo allargando di volta in volta il cerchio.

La mia connessione senza fili internet salta regolarmente.

È già un miracolo che non mi intercettino ora e che con un traduttore simultaneo leggano queste righe e che mi sbattano dentro per attività antiamericane.

Non so se mi spiego.

23. Cocktail

Ovvero: Mr. Devon (nome di fantasia) e la mia incursione nel mondo dei filmmakers indipendenti.

Mr. Devon è un regista di pubblicità. O meglio, vorrebbe tanto esserlo.

Mr. Devon si è fatto la reel da solo, investendo sul suo "talento" e producendosi da solo i suoi spot speculativi.

L'ho vista questa reel e posso dirvi che è un'accozzaglia di tette, culi e amenità varie.

In una parola: supertrash.

Lui vorrebbe tanto che lo rappresentassi in Europa ed io non ho il coraggio di dirgli che è invendibile. Aggiungo solo che il dvd è accompagnato da una confezione di vomito finto. Davanti al mio sbalordimento per il gadget quantomeno alternativo, Mr. Devon precisa che l'ha scelto contattando una ditta cinese che produce trentacinque diversi tipi di vomito.

Sono impressionata e mi è passata un po' la fame.

Avrà cinquant'anni il nostro Devon ed è un omone di almeno un metro e novantacinque con una pancia che fa paura.

Mr. Devon ha i tipici tratti ebrei nasone aquilino compreso. Immaginatevi una via di mezzo tra un satiro obeso e la versione povera di Onassis e avrete un'idea precisa del suo aspetto.

Come mi abbia convinta, di fatto incastrata, ad andare con lui a questo cocktail party ancora non me lo so spiegare. Diciamo che ieri non avevo proprio altri programmi ed ero arcistufa del ghetto. Mr. Devon poi è un uomo veramente persuasivo, lo garantisco.

Tant'è.

Mi passa a prendere verso le 7 pm e andiamo a Santa Monica dove c'è un ampio complesso industriale pieno di loft adibiti a gallerie d'arte, una attaccata all'altra in un bel cortile. Mi ricordano i loft di via Tortona a Milano. In ogni loft c'è una diversa accozzaglia di "opere d'arte" venduta a cifre esorbitanti.

Tutti sono gentili e ti offrono da bere. E così passiamo da un loft all'altro ed io sono sempre più allibita.

Sto giusto osservando un gatto tridimensionale fatto di tessere di puzzle quando mi si avvicina un biondino tutto sorridente.

Qui la gente attacca bottone con una disinvoltura encomiabile, pertanto mi preparo mentalmente a dirgli che questo gatto è veramente *AWESOME*.

Insomma non si sa mai no? Potrebbe essere l'autore di 'sta boiata e quindi non vorrei offenderlo...

Invece il biondino punta dritto lo sguardo sulle mie unghie dei piedi e dopo essersi complimentato mi chiede come si chiama il colore che porto!

É la scusa più straordinaria che abbia mai sentito per fare un gancio e decido che una tale fantasia vada premiata. Viola lilium, gli rispondo, e lui subito attacca con altre trecento domande.

Mr. Devon, piccato dal mio dare confidenza al tipo mi gira intorno circospetto.

Oddio, mica si sarà fatto strane idee?

Aiuto.

Dopo un po' saluto il biondino e proseguo il mio giro con Mr. Devon. Finiamo nell'ennesima galleria dove c'è un dj che mette musica anni ottanta, un fotografo e uno che fa le riprese in video dell'evento.

Evento?

Ci sono quattro scarabocchi attaccati al muro e una trentina di persone di cui sette o otto vestite da carnevale.

Intendiamoci: non è che siano proprio in costume tipo "da-infermiera" o "da-mummia". Sono solo overdressed (leggi pizzi, veli, piume e colori). Insomma, sono vestiti da pazzi furiosi-appena-usciti-dal-manicomio esattamente come tutti gli altri in questi loft, solo che loro hanno un più una mascherina sugli occhi.

Sto rivalutando le sciùre bon ton di Via Montenapoleone...

Insomma si fa l'ora di andare al cocktail.

Arriviamo in questa casa a Venice. Ha un bel

giardino, l'interno invece è scarsamente arredato e comunque non c'è nulla che attragga la mia attenzione se non una impressionante distesa di alcolici sul bancone della cucina.

La padrona di casa è una tedesca abbastanza insipida.

Dopo qualche convenevole, quando capisce che non sono nel ramo "lungometraggi" (e quindi non posso essere d'aiuto per il suo maritino) decide di ignorarmi per il resto della serata.

In sostanza mi fa un favore.

Dopo un po' viene a parlare con me questa coppia: sono carini, molto socievoli. Di sicuro sono marito e moglie o quantomeno stanno insieme. Lui è stupendo, mentre lei, beh lei meno. Ecco. In realtà forse è stata una bella donna, però al momento sembra sua madre. Mentre parliamo faccio un mea culpa mentale per aver avuto questo pensiero così superficiale ma la verità è che non riesco a smettere di guardare lui e poi lei e farmi delle domande.

Lui ha una faccia familiare: ma certo! È Marc Singer. Meglio conosciuto come il tenente Donovan nella serie tv dei Visitors! Più ci parlo e più li trovo affiatati e simpatici. Li saluto e penso che insieme siano belli.

Il party non decolla. Niente musica e il cibo è veramente immangiabile. Tutti si buttano sui drink. Dopo un po' sembra di stare a una riunione di alcolisti anonimi pentiti. Ci stanno veramente dando dentro con l'alcol e molti sono palesemente ubriachi e rumorosi.

Il momento peggiore è quando arriva questo attore apparentemente parecchio famoso. Io non ho veramente idea di chi sia costui.

Vedo solo che è una specie di maschera di cera, ha la pelle tirata, i capelli radi e tinti. E, per concludere, due pomelli rossi e circolari su zigomi che sanno tanto di protesi chirurgiche.

Penso e ripenso a dove posso averlo già visto. In effetti è un viso vagamente familiare...

Ma ovvio! È il fratello di Jocker!

Ok, ora vado sul serio.

Un mio amico mi ha chiesto di aiutarlo sul set del suo corto. Ho due giorni per imparare il trucco cinematografico (leggi: lividi e ferite varie) da un libro alto come l'elenco telefonico di Roma. Ce la farò? Non tutto il male vien per nuocere...

24. Sesso-spesso-fine-a-se-stesso

Parliamo di sesso? Seriamente eh. La riflessione odierna è che anche il porno è stato sdoganato: se ne parla agli aperitivi, è diventato argomento di discussione: ma tu preferisci Youporn o Youjizz? E quale categorie ti vedi? E poi ultimamente vanno alla grande le foto post coito con autoscatti più o meno riusciti. Il sesso è una cosa bellissima, questo non è in discussione ma qualcuno si ricorda dell'amore? Quel sentimento che unito a un buon sesso rende l'esperienza umana del fondersi tra le più piacevoli e mistiche che sia mai possibile provare? Del sesso se ne parla a tavola, ormai, di sentimenti molto meno.

Perché amare e dichiararlo vuol dire rendersi deboli, trasparenti, fragili e alle volte, se non ricambiati, perdenti.

Proposta: per una volta, ci facciamo tutti una bella selfie all'anima?

Siamo quasi già alla fine della mia vacanza studio, se vogliamo chiamarla così, e l'amico Giorgio, dall'Italia, concreto come sempre mi chiede: sì, va beh, ma uomini?

Il problema in realtà qui si sta facendo un filo serio...

In ogni caso, sarei ben contenta di accennare (ma solo un assaggino, eh) a qualche mia avventura galante, il fatto è che qui proprio non c'è trippa per gatti. Giuro.

In generale trovo che gli americani abbiano il sex appeal di una penna Bic senza inchiostro.

Ok, hanno un sacco di muscoli, sono spesso alti e ogni tanto hanno queste facce bellissime, da "cinema" come diceva mia nonna; solo che il fascino non sanno veramente dove stia di casa.

In quanto alle donne, così, tanto per dirvi la mia, anche le più avvenenti (e ce ne sono eh!) sono sexy quanto l'orso Yoghi.

Un'idea sugli americani-&-il-sesso me la sono fatta osservando gli indigeni.

Gli americani si sposano presto. Di solito dopo il college, poi figliano e, quasi immediatamente dopo, sono al loro primo divorzio.

Il tradimento non fa parte della loro cultura. Sei sposato e trovi qualcuna che ti sembra meglio di tua moglie? Benissimo! Divorzi e ti risposi nel giro di due mesi lasciandoti alle spalle il passato con una leggerezza che per noi ha dell'incredibile.

E ancora: nessuno si fa scrupoli a spiattellarti che l'altra sera è andato in uno strip club o con una escort (qui è legale), ma poi è raro

vedere una coppia che si bacia per la strada.
Insomma, il sesso nelle coppie americane è come un parente scomodo: un segreto di famiglia ben custodito.

Altro punto saliente: la California e il botox. Sarà un luogo comune scrivere che i californiani sono tutti rifatti? Di sicuro, però è un luogo comune verissimo.

Diciamo che o sono super rifatti o se ne fregano totalmente con conseguenze comunque intollerabili per il mio elevato senso estetico.

Però da quando sono qui ho cercato di adeguarmi.

All'improvviso m'ha preso il panico: tutti a dirmi guarda che in America chiunque ingrassa almeno tre o quattro chili. Allora ho incominciato una frenetica attività in palestra e in piscina.

Qui al campus abbiamo due palestre e due super piscine olimpioniche e così... Splash! Ci son caduta dentro.

Il risultato, se proprio ci tenete a saperlo, è che ho comunque preso quei tre chili e le mie t-shirt mi sono strette sulle spalle che si sono allargate a dismisura.

Cazzo, se già in Italia avevo la paranoia di essere un donnone e di intimidire il maschio latino (notoriamente bassetto), adesso la mia autostima andrà definitivamente a pallino. Sigh.

Avendo qualche problema di regolarità intestinale (e come non averlo in una dieta che non prevede frutta e verdura ma solo un'overdose di proteine?) ho cercato un aiutino in erboristeria.

Mica facile trovarne una nel ghetto. Però alla fine scovo questo negozio di "alimentazione naturale" (leggi: spaccio autorizzato di vitamine e proteine sintetizzate).

Insomma nulla a che fare con l'erboristeria. Si tratta piuttosto di un negozio per fissati del body building.

Infatti entro e mi trovo davanti a Maciste in tutina aderente blu. Sottovoce, tipico pudore europeo in materia di funzioni corporali, spiego il mio problemino al bronzo di Riace.

Il tipo, per nulla imbarazzato mi grida di rimando che quello di cui ho bisogno è un bel lavaggio totale del colon!

What?

Ehm, veramente pensavo a qualcosa di meno... uhm... drastico.

Che so, qualche pastiglia di erbe naturali tanto per dare una sveglia all'intestino, *do you understand*?

Il maciste non molla e riesco a farmi vendere una confezione di stupide erbe solo a patto di beccarmi una tirata sulle meravigliose conseguenze della pulizia del retto.

Ora sono qui con in mano un opuscolo che spiega tutto (ma proprio tutto) sul procedimento digestivo e sulla pratica dei clisteri purificatori.

Sarà, ma avrei di gran lunga preferito rimanere

nella mia totale ignoranza su questa materia.

Apro il Los Angeles Times. Dovrebbe essere un quotidiano serio.

Pesa circa tre chili, scomodissimo da portare sottobraccio, ma dopo quattro pagine stiracchiate di cronaca locale in cui ci si lamenta della brutalità della polizia locale, e non posso che sottoscrivere, inizia tutta una serie di pagine pubblicitarie suddivise per categorie merceologiche.

Mi spiego meglio: ci saranno almeno dieci pagine di concerti.

Rido nel leggere che nello stesso posto mercoledì c'è Julio Iglesias e domenica i Garbage. Quest'ultimo concerto è sold out quindi nisba.

Brian Adams sembra invece essere ovunque.

Lo detesto.

Dopo i concerti ci sono gli strip club ciascuno dei quali ha la stessa foto promozionale (di fatto un pappa circondato dalle "sue" coniglierie) e promette la stessa identica cosa degli altri mille annunci.

Tette al vento.

Portate i maschi locali su una qualunque spiaggia della Versilia ad agosto e sbaveranno come lumache.

GA-RAN-TI-TO.

Dopo altre venticinque pagine di annunci personali suddivisi in: luicercalei, leicercalui, luicercalui, leicercalei e pervertitivari, ci sono i cosiddetti "classified" ovvero gli annunci di lavoro.

L'industria del cinema prevale, ma si tratta in larga parte di cinema per adulti.

Ciliegina sulla torta. Le ultime dieci pagine sono tutte dedicate alla chirurgia estetica.

Un ringiovanimento vaginale (qualunque cosa significhi) costa 500 dollari, mentre per un paio di seni nuovi di zecca potrei spenderne solo 490.

Le sessioni di botox costano invece come un aperitivo analcolico al Radetzky.

Insomma, è proprio tempo di saldi.

25. Macho Man

Sono al solito Starbucks. Mentre cerco l'ispirazione per il soggetto che devo stendere e presentare per l'esame di fine corso, mi distraggo. Sedute al tavolino di fianco al mio ci sono due donne sulla quarantina, credo. Non è che si capisca bene perché ormai l'unico modo per distinguere una teenager da una donna di mezza età (sì, una volta avere quarant'anni significava essere di mezza età) è guardare quanto sono finte le sue labbra: se il turgore è superiore a quello che vedresti in una normale ventenne, allora trattasi di carampana in assetto camouflage.

Insomma, ascoltavo di straforo queste (belle) donne completamente rifatte che si lamentavano di non trovare uomini veri! Un ossimoro perfetto della nostra società.

In quanto agli uomini "veri", per me sono un po' come gli unicorni o l'araba fenice: creature mitologiche che si dice un tempo siano esistite sul serio ma che ormai sono inesorabilmente estinte.

Di più, sono come i coccodrilli nelle fogne di New York: leggende metropolitane.

Mentre scrivo e sorseggio il mio solito brodino da Starbucks arriva Gennaro: un bel ragazzo di origini napoletane che si è trasferito qua da poco.

È un creativo, ma sbarca temporaneamente il lunario come cameriere alla mensa locale. Siccome abbiamo più o meno la stessa età abbiamo incominciato a chiacchierare e col passare del tempo posso dire che siamo diventati quasi amici.

Gennaro si siede al mio tavolo e senza chiedere il permesso sbircia i miei appunti di viaggio. Sorride coi denti bianchissimi e capisco che sta leggendo le mie invettive sugli uomini "veri".

– Dai che c'è Gennaro? Spara.

– No niente, è che mi fai ridere. Credi di sapere tutto eh?

– Macché, sai benissimo che mi piace parlare per iperboli.

– Sarà, comunque per me "uomini veri" non è mai esistito. Credo, in generale, che la nostra generazione sia troppo focalizzata sull'autoanalisi, una dipendenza da pensiero che ci trascina in una spirale di "what if", che ci fanno perdere di vista il momento.

Guardiamo al domani e al passato, con insoddisfazione per il presente.

– Sono d'accordo, ma... Quindi?

– Quindi i "veri uomini" sono riferimenti culturali di altre epoche, eroi del savoir-faire, di classe, che non rispecchiano la situazione reale del loro periodo.

Dai ricordi di famiglia, costruisco uno scenario in cui le donne avevano pochi diritti, la loro opinione non era richiesta e il loro orgasmo era un vezzo da Casanova.

Una vanteria da bar, diciamo. Insomma, tranne casi letterari di amor cortese, che fanno antologia ma non fanno media, ve la passavate molto peggio.

– Beh, ma allora poiché tua nonna, per dire, doveva tenere in piedi la baracca da sola mentre suo marito, sempre per dire, se la spassava al bar e lei manco lo poteva mandare a stendere, io dovrei ringraziare di poter tenere in piedi la baracca da sola e di non avere per forza dei calzini bucati non miei da rammendare nel frattempo?

– Oggi, voi donne cronicamente insoddisfatte, in quanto umane, tratteggiate il gretto maschilismo come virile piglio decisionista e l'antica monogamia imposta dalla "Morale Comune" come segno di amore disneyano. Credo che, a ben vedere, gli uomini "veri" non siano mai esistiti. Ogni epoca ha la media che si merita...

Detto questo Gennaro mi guarda con piglio soddisfatto; senza chiedere si prende una Marlboro dal mio pacchetto, l'accende e dà un tiro lunghissimo. Le due americane del tavolino a fianco anche se siamo all'aperto lo guardano con odio malcelato.

Lui mi sorride, mi strizza l'occhio, mi dà un bacio sulla guancia e col sorriso bianchissimo (e ora che lo noto, un sedere niente male) si alza e va verso il lavoro.

– Non sono per niente d'accordo, ma ci penserò,

gli grido.

L'esprit de l'escalier.

Hai capito questo Gennaro?

E io che pensavo che i creativi fossero tutti dei mezzi metrosexuals, superficiali e unicamente interessati ad alimentare il proprio ego.

26. Party

Alcuni giorni fa sono stata invitata a un nuovo party: cioè non ero veramente "invitata" ma dovevo uscire con un amico regista che è venuto spesso a lavorare a Milano. È venuto a prendermi su un'auto sportiva fiammante e inizialmente voleva portarmi a bere qualcosa in un bar molto carino. All'ingresso però c'era il solito buttafuori che voleva assolutamente vedere i nostri documenti per accertarci che fossimo maggiorenni.

Non che all'interno ci fosse alcunché di scabroso, ma negli States anche per bere un dito di birra devi essere maggiorenne. Lo sanno anche i sassi, no?

Sì, peccato che mi fossi dimenticata la fottuta ID a casa e quindi il buttafuori non ci ha fatto entrare.

Non si è nemmeno impietosito quando gli ho detto che ero straniera e che da noi può capitare di non avere un documento d'identità, anche se sarebbe obbligatorio, e che insomma, dai, se mi guardava bene avrei potuto tranquillamente essere sua madre.

Niente da fare, così io e il mio amico regista, che

si chiama Roger, siamo finiti a un piccolo party a casa di certi suoi amici.

La villa era bella, ampia, c'era un bel giardino con un vecchio dondolo. Erano quasi tutti dell'ambiente pubblicitario. Ho conosciuto qualche montatore, un paio di direttori della fotografia, una producer e via dicendo. Tutto sommato è stata forse la festa più riuscita e carina alla quale sia andata finora: nessuno era ubriaco. Il giardino era disseminato di candele accese, c'era un'atmosfera tranquilla e rilassata, le conversazioni erano interessanti. Sarà forse per questo che mi sono lasciata andare; ero talmente a mio agio che non mi sono guardata troppo intorno ed ho incominciato a fare conversazione con questo montatore di nome Chris. Ci stavo parlando così in scioltezza che non mi sono nemmeno accorta di quanta figaggine sprigionasse il fanciullo.

A un certo punto si è scusato ed è andato a fare due chiacchiere col mio amico Roger, dopodiché è tornato e mi ha chiesto di uscire a cena con lui la sera seguente.

Ho intuito che prima di chiedermelo era andato da Roger per sondare il terreno, per capire se tra me e lui non ci fosse per caso del tenero e se poteva chiedermi di uscire. L'ho trovato un gesto educato, gentile e così ci siamo accordati per la sera seguente.

Verso le 6.30 pm Chris mi è passato a prendere nel ghetto, ha fatto un paio di battute sul fatto che vivessi in una specie di garage e mi ha portato a cena in un ristorante davvero bello. Probabilmente per compensare.

La serata è scivolata via e una volta parcheggiata la macchina sul vialetto che conduce al mio tugurio, Roger con occhio spermatico, mi ha stampato le sue labbra carnose sulle mie. Non c'ho pensato un attimo: complici anche i sei mesi d'astinenza l'ho preso per mano, l'ho accompagnato nella mia stanza, l'ho scartato come fosse un regalo prezioso e ho consumato il fiero pasto.

Ok ho scomodato Dante per non dire che mi sono comportata come una zoccola di prima categoria e ho fatto sesso (protetto) al primo appuntamento con un bel moro sconosciuto.

È stata la prima volta; cioè veramente la seconda ma la prima non conta, credo, perché poi il primo uomo che mi sono portata a letto senza nemmeno conoscerlo è diventato il mio fidanzato per oltre due anni. Quel maledetto del mio ex, quello che mi ha insegnato lo spagnolo.

E adesso?

Adesso niente, perché ieri sera a Chris l'avevo detto: – sarà una notte e via, Chris, sono ancora innamorata del mio ex, sono sei mesi che non faccio sesso e tu mi piaci; abbastanza da stare con te ma non abbastanza da pensare di avere una storia. E poi tra qualche mese io da questo continente me ne andrò, e cosa faremmo? Ci frequentiamo un po', magari poi ci innamoriamo e alla nostra età decidiamo di avere una storia a lunga distanza con nove ore di fuso orario? No dai, è improbabile.

Meglio tenerci stretta questa notte di passione e di tenerezza e morta lì.

Chris stamattina mi ha guardata con gli occhioni a forma di cuore, mi ha dato un bacio sulla bocca ed è salito a malincuore sulla sua auto.

Ha dimenticato qua il giubbotto. Glielo farò avere tramite Roger.

Mi guardo allo specchio: ho la pelle splendente, i capelli vaporosi e mi sento un po' stronza.

27. Fastidi

Sto iniziando a diventare insofferente. Non so più se per la mancanza di casa, quella vera, in Italia e non quella scatola nel ghetto, se sta venendo fuori la parte "migliore" del mio carattere, o se in realtà un pensiero sta sempre là...

Me ne sono accorta con la coinquilina.

Mi sono sentita una merda e subito dopo mi sono venuta in mente a vent'anni, quando la mamma mi gridava un bel "metti-in-ordine-la-tua-camera" deciso. Ecco come ti rimetto a posto la coinquilina.

Giuro, non ne potevo più del materasso in salotto, del casino totale, dei piatti sporchi accumulati, della spazzatura in bella vista e via di questo passo.

Così di fatto mi sono improvvisata madre di una ventenne filippina che si fa la piastra a notte fonda e le ho detto chiaramente che la nostra convivenza, tanto per stare in tema, stava veramente prendendo una brutta piega.

Ora sono qui, coi sensi di colpa.

Avevo ragione da vendere, ma resta che, nel caso, sarò una madre in continuo conflitto tra rigore e tolleranza...

Aspettate un attimo.

Si è appena seduto qui di fronte un tipo enorme (Bubba di Forrest Gump?) e mi sta dando la schiena.

Strano. Ci sono un sacco di tavoli liberi. Mmh mi suona un campanello d'allarme.

E infatti: uno, due, tre, tac!

Il tipo si gira e mi chiede come va.

Uffa, c'ho già i miei problemi io, dai Bubba smamma.

Cerco di mascherare il mio perfetto "accento australiano" e gli dico che non parlo inglese con la migliore cadenza italiana che riesco a pescare nel cappello della mia memoria.

Funziona.

Bubba alza i tacchi e sparisce dalla mia vista.

Lui e il suo corpaccione pieno di colesterolo.

Cerco uno spiraglio, un pensiero fresco. Guardo fuori.

Li vedo dal bar quasi ogni giorno: lei è bruttina, i capelli biondi corti un po' stopposi, la camminata sbilenca da zoppa. Lui è alto ben piazzato, faccia da tassista. Un tempo poteva essere bello. Si incontrano e poi vanno via insieme. Due ex tossici probabilmente o due ex alcolisti o ancora, per nulla, ex. L'atteggiamento protettivo di lui, quando le cinge la schiena per aiutarla a camminare meglio, la tenerezza con cui lo guarda lei, la complicità dei loro gesti; sono da fotografia. Chissà come è stato il loro passato, chissà che futuro li attende. Però, quando li guardo penso che certi giorni quella roba lì, quell'amore lì, mi manca da matti...

Ma, che ore sono?
Azz! Le sette meno un quarto!
Non dovrei già più essere in giro da sola.
Un altro coprifuoco saltato.
Ora vado a casa.
Stasera esco con il mio nuovo direttore della fotografia: una tipa tedesca che lavorerà sul set del mio prossimo spot.
Piccoli registi crescono.

28. "Biutiful"

In queste settimane al campus ho capito cosa c'è di così perverso che mi fa, sì, brontolare sul sistema e sull'università ma anche, ora che si riparte, desiderare immensamente di fermarmi qui, un anno o due o magari tutta la vita.

Si chiama "fuga dalle responsabilità".

A Los Angeles e ai suoi personaggi ti abitui facilmente, quasi come al viso di una bella donna che poi diventa la tua.

All'inizio ti toglie il fiato, poi finisce per essere qualcosa di familiare che magari sottovaluti.

Grave errore.

La città non somiglia a nessun film in cui si parla di lei. Forse, paradossalmente, a Leaving Las Vegas.

È piuttosto un lungo e largo lunapark gigante pieno d'insegne, intervallato da garage e rivenditori d'auto e da case che sembrano garage.

A tratti ci sono dei quartierini con le, per noi italiani, "vere casette americane", quelle che si vedono al cine. Quelle vere, quasi mai hanno la staccionata bianca.

All'interno, moquette macchiata e mobili di poco pregio è spesso ciò che ti devi aspettare.

Il linoleum che da noi è datato qui sembra essere un evergreen e la sensazione di casino dentro queste belle case con le persiane colorate è quasi totale. In nessuna città al mondo vedi un palazzo verde acido con le scale rosa fenicottero e ti sembra normale.

A Los Angeles, dopo cinque settimane, sì.

Ieri sono stata a osservare per un po' una porta.

Ma non avevi di meglio da fare?

Diciamo che mi prendo i miei tempi...

E poi la porta era quella di uno strano edificio dove c'è un ritrovo diurno per gay.

Sulla porta non c'è scritto proprio niente, ho guardato bene.

C'è solo il solito arcobaleno universalmente associato al mondo gay. Tranne che in Italia dove è stato preso a prestito a favore della pace.

Mi immagino uno straniero che guarda un TG da noi: manifestazione e vai di bandiera arcobaleno. Penserà che siamo tutti gay e sempre in piazza. Vabbè... insisto, su quella porta non c'è nessuna specifica su che cosa facciano lì dentro anche se dubito sia il circolo degli scacchi.

Comunque, vedevo questi omoni che sembravano tutti usciti da un video dei Village People e li trovavo normalissimi.

Sto cominciando ad assuefarmi.

La porta in ogni caso la guardavo aspettando che aprisse Samuel French.

Se hai bisogno di un qualsiasi libro che parli di cinema, tv o teatro, devi veramente andare lì. È il paradiso degli attori e dei filmmakers di ogni status. E si fanno incontri interessanti.

Insomma, diciamola tutta, è un posto veramente figo dove oltre ai libri ti può capitare di conoscere qualcuno.

Io, per esempio, sono in coda per la cassa e davanti a me c'è questo tipo spettacolare con faccia da super cinema.

Sono con due chili di libro, Practical Cinematography, sottobraccio.

Lui si gira, sorride e mi chiede se il libro pesa. Se vuoi, dice te lo tengo io mentre tu aspetti il tuo turno.

Alzo lo sguardo e il cuore mi si ferma per un attimo come quello di Cousteau e in totale apnea gli dico che ce la posso fare ma che grazie, sei veramente gentile e lui attacca di nuovo con un "tu che studi fai e io sono un attore, sto girando questo film" e via così.

A questo punto si intromette la cassiera che mi chiede se sono francese! Ma che ti importa befana! E fatti gli affari tuoi no?

Quella insiste e non ha soddisfazione finché non siamo tutti e tre coinvolti in una inutile, stupida chiacchierata sulla Francia.

Ora tocca a me e lui in teoria avrebbe finito.

Vorrebbe aspettare (mi sembra o lo spero?) ma con questa storia dei formaggi francesi e il resto abbiamo creato una discreta coda alle casse.

Nessuno si lamenta, però...

Insomma lui saluta, fa per andare e mi butta lì l'appuntamento del secolo: mercoledì prossimo qui alla stessa ora.

Il punto di domanda finale non c'è.

L'uomopiùbellodelpianeta alza i tacchi e se ne va senza aspettare la mia risposta e io vorrei maledire la commessa, mollare il libro, corrergli dietro e sopratutto dirgli che mercoledì proprio non posso!

Invece resto lì come una scema, pago il dovuto ed esco col magone.

Certo, suggerisce il mio amico che si è goduto tutta la scena da lontano, puoi sempre lasciargli un messaggio in bacheca col tuo numero di telefono.

Gli americani queste cose le fanno e il bello è che non si sentono nemmeno dei coglioni.

Grazie, io non ce la posso davvero fare; ma mi sento un po' cogliona lo stesso.

29. Coffee break

Sono seduta, indovinate un po'? Al tavolino di Starbucks, il mio coffee shop preferito se non si fosse ancora capito.
Sto bevendo il solito: frappuccino al caffè con panna.

La versione ipercalorica della granita al caffè siciliana.

Divino. Sono diventata una vera immigrata perché sul mio nuovo IPad mini ho appena caricato una canzone di Nek.

Incredibilmente, sento il bisogno di melodia italiana.

Roba che a Milano piuttosto che ascoltare Nek mi faccio impiccare.

Qui in California, e forse nell'intera America, ero praticamente rimasta l'unico essere vivente a non possedere un Ipad.

Mi sentivo parecchio sfigata. E così ho chiesto al solito mio amico di accompagnarmi a fare shopping.

Roger allora mi ha portata al *The Grove*.

The Grove: è un centro commerciale carino dove hanno tentato di ricostruire una piazza europea con tanto di lampioni francesi giganti, trenino che ti porta in giro e orchestrina blues che suona dal vivo.

Ora che ci penso; è una vera merda, ma come si diceva prima sono in assuefazione totale.

Se non altro è uno dei pochi posti dove puoi fare due passi a piedi senza essere scambiata per una prostituta. Lo so, vi sembrerà assurdo, ma è così.

Anche mentre aspettavo Roger lungo la strada davvero non capivo come mai molte auto rallentassero. Poi, a un certo punto ho realizzato!

Mi sono controllata l'abbigliamento giusto per capire se:

A) ero vestita strana,

B) loro sono malati.

Ero lì ad aspettare il mio amico, non avevo un filo di trucco, i capelli erano raccolti a coda, indossavo un paio di jeans al ginocchio, una t-shirt grigia e scarpe da tennis. Avevo lo zainetto e un quaderno in mano.

La scelta mi cade sull'opzione B), decisamente B, perché non avevo niente, ma proprio niente che mi facesse somigliare a una battona.

Per fortuna Roger è arrivato alla svelta.

Andare al The Grove mette addosso quell'eccitazione tecnologica della novità, non si riesce a parlare d'altro, durante il viaggio.

– Roger – gli domando– ti ricordi quando mettevi la sveglia sul Nokia e lui ti diceva quante ore ti restavano da dormire? Le mie non erano mai più di sei, forse sette quando andava bene. Quando poi le ore erano cinque, si andava talmente in ansia che finivi comunque per dormirne quattro.

Te lo ricordi?

– Certo che lo ricordo mi risponde lui e mi ricordo anche quando giocavo a Snake per ammazzare il tempo.

(Grande sorriso)

Annuisco.

– Già. Sembra passato un secolo da allora e il ricordo s'è quasi fatto dolce...

– Questa è la tendenza umana: dare al passato la patina di zucchero che spesso non si merita.

– Pensa che forse tra magari cinque, dieci anni, qualcuno, da qualche parte nel cyberspazio, scriverà: "ti ricordi quando si facevano i like su Facebook e si mettevano le foto su Instagram e si twittava?"

– È il progresso, bellezza, ma ne siamo sicuri? – Roger ci pensa un po' su e poi continua. – Si dice che esista una cura definitiva per la carie ma che non la commercializzeranno mai perché diversamente ci sarebbero un bel po' di dentisti a spasso.

– Non lo so Roger, probabilmente hai ragione, la cosa certa è che a ogni step tecnologico ci vendono la promessa del giocattolo perfetto, che poi perfetto non è, ovviamente, perché quello perfetto ce l'hanno già in casa ma hanno deciso di vendertelo tra dieci anni. Così intanto tu spendi, e stai bene, ma non del tutto, perché, chiaro, questa è un'altra tendenza umana: non essere mai soddisfatto.

– La soluzione, continuo infervorata, quella vera, sarebbe: smettere di comprare l'ultimo modello di: _____(aggiungere a caso il nome di un prodotto tecnologico per i prossimi tre anni).

Pazienza se poi fanno la spending review, che tanto la stanno già facendo e ci stanno inculando (scusa il francesismo) e non è detto che a tutti piaccia. Ma come vedi io e te stiamo andando a The Grove perché ho deciso che voglio un IPad, magari un IPad mini già che ci siamo che magari finirò per usare solo come fermaporta.

La mia coerenza? Giù in fondo a destra.

Lui ha annuito e mi ha guardata con simpatia e tenerezza. Almeno spero fosse tenerezza e non compassione.

Una volta arrivati, Roger ed io siamo finiti dritti dritti dentro l'Apple Store.

Un meraviglioso negozio a due piani dove ci saranno almeno venticinque commessi.

Tutti sotto i trent'anni, tutti cool e tutti vestiti in jeans più t-shirt verde e la mela bianca in rilievo.

Sono i commessi più competenti che abbia mai incontrato: del Mac e dell'universo Apple sanno veramente tutto.

Nello store poi ci sono delle station collegate e puoi navigare in rete quanto ti pare. Se proprio devo trovare un difetto, direi che sono un po' troppo zelanti.

I commessi sono distribuiti per la lunghezza del negozio e appena entri c'è subito il primo che ti saluta e ti chiede come va.

Il secondo ti sorride.

Il terzo ti ridomanda come stai.

Il quarto se hai bisogno di aiuto e così via. Questo intermezzo si ripete tante volte quanti sono gli impiegati, ammesso che non siano indaffarati con qualcun altro.

Verso il settimo commesso ti senti come Lady Gaga entrata a sorpresa per lo shopping. Ma poco più avanti, diciamo al dodicesimo tizio, cominci a diventare sospettosa. Lo saluti debolmente con la mano, simuli un sorriso tirato ma in cuor tuo lo manderesti cortesemente affanculo.

In tutto questo non sei ancora riuscita a guardare niente perché troppo impegnata in futili convenevoli.

Concludendo, per far shopping al The Grove, prenditi tempo.

30. Prigioni

Non posso ancora crederci!

Ho appena fatto una domanda a Robert Zemeckis e lui mi ha anche risposto in maniera simpaticissima.

Già, oggi uno dei grandi registi hollywoodiani (scusa Robert ma il mio mito resta Spielberg) era qui a raccontare la Settima Arte.

Lo sapevate ad esempio che nel primo copione di Forrest Gump c'era una scimmia che avrebbe dovuto animarsi come i personaggi di Roger Rabbit? Io no, ma questo è il motivo per cui Zemeckis era stato chiamato in primis per dirigere la pellicola. Meno male che:

1) Zemeckis si è rifiutato di animare la scimmietta;

2) ha ugualmente accettato di girare la pellicola partorendo un grandissimo film.

Hanno appena mostrato una scena pazzesca di Castaway e subito dopo lo spezzone di Forrest Gump in cui Jenny rivela a Forrest che il figlio è suo e lui è tutto sollevato nel sapere che non è ritardato.

Mi sono venuti i lucciconi agli occhi e confesso che una lacrima mi è scesa.

Eh sì, Los Angeles mi rende particolarmente emotiva.

E comunque, che cavolo, la sono sempre stata.

Solo che qua, tutto si accentua.

A proposito, vi ricordate i tempi della scuola quando si faceva tutto insieme e si era letteralmente culo e camicia?

Gran bei tempi.

Qui mi è successa la stessa cosa.

Signore e signori sono ufficialmente regredita ai miei vent'anni.

(Mamma non ti preoccupare che poi mi passa).

I miei amici del cuore sono diventati manco a dirlo l'italiano e l'inglese di cui vi ho parlato in precedenza.

Di giorno c'è la scuola e nel weekend pigliamo il kit di luci, le scatole di pellicola da 16mm e andiamo sul set.

Mica set da niente, eh.

Durante la settimana, oltre a scrivere il copione castiamo gli attori, cerchiamo la location, affittiamo i costumi e compriamo tutto quello che ci serve. Quello che per qualche motivo non riusciamo ad avere lo prendiamo segretamente "in prestito" dagli ampissimi teatri della USC... L'altro giorno abbiamo persino messo su una finta prigione nella mia camera.

Dimenticavo, la coinquilina si è finalmente tolta dai maroni e si è trasferita nella sua nuova casa definitiva. Così sono rimasta la sola abitante di un ampio bilocale scalcinato che però a me sembra una reggia. In frigo ho una cassa di birra e la sera ci si ritrova da me a parlare di niente dando giudizi tranchant sui registi più famosi (tipica arroganza adolescenziale) e a fumare sul ballatoio.

Tornando alla prigione, eravamo andati a sentire per affittare uno stage a Santa Monica. Prigione completa ricostruita a modello del braccio B di Alcatraz.

Figata vera. Però il costo era di 300 dollari l'ora!

Per nulla abbattuti siamo andati in un negozio di fai da te. Abbiamo comprato tre mq di finto pavimento piastrellato (pura plastica) e una ventina di sbarre di ferro.

Non vi dico lo sbattimento del trasporto.

Abbiamo poi affittato i costumi da carcerato e castato per bene quattro attori con facce da criminali (nel ghetto è stato uno scherzo).

Abbiamo montato le luci e il resto e la mia stanza si è magicamente trasformata in una cella. All'inizio del primo corto quei due non mi davano molto credito.

– Ma come!

– Si sì, ok bella, ma studiati quel libro e trucca gli attori con le ferite e i lividi finti.

Poi, però...

Il make up è venuto da dio e hanno incominciato a farmi fare qualcosina. Tempo tre giorni e sono riuscita a fiaccare le resistenze dell'italiano super sciovinista. Così noi tre, a turno, abbiamo ricoperto tutti i ruoli di un set: nel mio caso sono stata macchinista, elettricista, set designer, boomer e persino focus puller e clapper loader. Oltre naturalmente a occuparmi del trucco e ogni tanto del catering...

Insomma ero partita con due compagni d'avventura che mi vedevano come Barbiesalonedibellezza mentre adesso mi trattano come un loro compagno un po' effeminato e con due strane gobbe sul davanti.

Domani saranno entrambi miei assistenti sul mio spot e allora li massacrerò di ordini.

Dopodomani: il giorno del mio spot. Ho finalmente avuto la mia rivincita su quei due lavativi. Uno l'ho pure dovuto infilare come comparsa perché mi è saltato un attore all'ultimo minuto.

Insomma li ho sfruttati per benino facendomi portare anche il caffè.

Lo spot è venuto così così: non ne sono entusiasta, e sinceramente manco il direttore creativo di Scarabeo mi è sembrato alle stelle. Ma come essere entusiasti quando come cliente hai Mattel? Vogliono solo vedere il loro prodotto tipo Ken o Barbie per tutto lo spot, intervallato ogni tanto da immagini sciocche e zuccherose. Bleah! L'unica cosa che mi consola è stata vedere quei due sfaticati mortidisonno sudare sotto il sole cocente di mezzogiorno. Sono soddisfazioni!

31. Backgammon

Sottotitolo: Come trovare un lavoro fighissimo senza nessuna qualifica.

Tutto è incominciato a una festa. Un'altra direte voi? Beh, se a voi piace stare nel ghetto, personalmente a me no, e ogni scusa è buona per scappare. Ci siamo capiti?

E poi la scuola è finalmente finita e non avevo molto altro da fare: stavo giusto pensando che prima o poi sarei dovuta rientrare in Italia e decidermi a dare il famoso "senso alla tua vita" di cui troppi adulti parlano per poi accorgersi che quando hanno finalmente trovato una direzione, gli fa schifo e probabilmente era quella sbagliata.

In ogni caso, non era esattamente un party questo qua, quanto piuttosto un ritrovo domenicale, un barbecue a casa di questo produttore hollywoodiano pazzeschissimo.

La villa rispecchiava benissimo le due identità degli abitanti: il produttore, rigoroso, pratico, senza fronzoli, quasi asciutto direi, e la moglie: un incrocio tra la fata turchina ed Hello Kitty.

E infatti, mentre l'interno della villa era tutto giocato tra acciaio, bianco e varie scale di grigi rendendo l'ambiente caldo quanto l'interno di una lattina di coca cola, l'esterno era tutto un fiorire di gelsomini, erbe aromatiche, rose, pellicani finti che incorniciavano una piscina illuminata a giorno dalle intriganti forme arrotondate e ancora, sedie e tavolini in ferro battuto dipinti con colori pastello e preziose tazzine di porcellana uscite direttamente dalla fantasia di Lewis Carroll.

Mentre gironzolavo per l'immenso giardino per cercare un po' d'ombra e un momento di silenzio (troppi awesome gridati a squarciagola) mi sono imbattuta in questa donna fantastica: seduta sotto a un bersò (sempre in ferro battuto) dal quale scendevano lunghe tende che sembravano fatte di nuvole, era lì, persa nei suoi pensieri con una scacchiera da backgammon aperta e pronta all'uso.

– Ciao, disturbo?

La signora mi ha squadrata da capo a piedi: avevo un bellissimo chemisier di Moschino che mi ero fortunatamente portata dall'Italia. Era in cotone con fondo bianco e ciliegie rosse stampate; la gonna era ampia e una mezza crinolina faceva capolino appena sotto il ginocchio. La vita era stretta in una piccola cintura che riprendeva il rosso vivo delle ciliegie. Sopra al vestito avevo deciso per un piccolo giacchino di rafia viola. Avevo completato il tutto con una borsa di paglia a cui avevo attaccato un enorme girasole di stoffa e per finire mi ero messa un paio di scarpe di corda piene di fiori e frutta di Dolce & Gabbana trovate qualche giorno prima in un negozio dell'usato. Un vero affare.

Insomma ero elegante, una donna degli anni cinquanta ma con un tocco decisamente moderno. Dovevo essere piaciuta anche alla signora dagli occhi di ghiaccio perché dopo avermi fatto la radiografia mi disse: prego, accomodati" col tono più nobile e distaccato che avessi mai sentito fino ad ora a Los Angeles.

Stavo per ringraziare, ma la signora mi chiese a bruciapelo se sapevo giocare a backgammon.

Iniziammo a giocare: non sono particolarmente esperta, ma sono da sempre una persona fortunata. Persi la prima mano, lei mi stracciò nella seconda e arrivai alla terza perdendo inesorabilmente, ma con onore.

Nessuna delle due si era ancora presentata all'altra.

Tra una mossa e l'altra avevo cercato di spiare la signora dagli occhi di ghiaccio e di capire cosa ci fosse in lei che mi attraeva così tanto. Forse era per quell'aria sofisticata, per quel pantalone pigiama palazzo che solo una coi fianchi stretti come i suoi dovrebbe permettersi, forse erano gli enormi orecchini d'oro o i capelli lunghi e quasi grigi sapientemente legati a crocchia, oppure era per quelle rughe dignitose su un volto fresco e dalla pelle luminosa. Sembravano messe lì apposta quelle rughe, come se un chirurgo plastico bravissimo avesse volutamente deciso di sporcare un volto per renderlo meno finto, più intrigante e sincero.

Davvero non saprei, mi ricordava Jerry Hall adesso, una dignitosa bellezza aristocratica sulla cui faccia puoi leggere la saggezza che ti viene dopo una vita di eccessi e di rock and roll.

Il rock and roll ti si legge in faccia, sempre. Almeno io la penso così.

Mentre facevo le mie mosse inconsciamente pensavo che da vecchia, brutto termine ma sincero, mi sarebbe piaciuto diventare così. A parte quei fianchi da sedicenne che non ho mai avuto nemmeno quando avevo sedici anni, e che mai avrò.

Pazienza.

Scoprii dopo un pezzo che si chiamava Maude e che aveva lavorato per gli Studios Paramount Pictures per quasi tutta la vita. Era stata segretaria di edizione e mi raccontò dei film ai quali aveva lavorato, tra cui, udite udite Colazione Da Tiffany, Il Grande Gatsby, I Tre Giorni del Condor e Il Padrino, oltre ad una serie di film culto degli anni ottanta quali I Predatori Dell'Arca Perduta e Ufficiale e Gentiluomo fino ad arrivare a Footlose del 1984, anno in cui la mia ormai adorata Maude aveva salutato la Paramount per godersi i suoi soldi in giro per il mondo.

Stavo letteralmente sbavando.

– E tu cara, un lavoro ce l'hai già? – Chiese Maude in tono mellifluo.

– Non esattamente, – risposi io – non più... Anzi a dirla tutta ho appena chiuso un trimestre di specializzazione alla USC, ho quasi esaurito i soldi della borsa di studio, non ho una carta verde che mi permetta di lavorare e a malincuore sto valutando di rientrare in Italia, lasciar perdere qualsiasi velleità artistica, andare a lavorare in banca e magari sposarmi con un assicuratore... Sai, le solite cose.

Ma in realtà la cosa che mi piace più di tutte, più di tutto il mondo messo assieme e ritorno è leggere, leggere storie scritte bene e che parlino, possibilmente di cinema e della sua storia. E che facciano volare, nel bene e nel male.

Maude mi guardò di sottecchi, gli occhi gelidi che per un secondo sembrarono emanare un po' di calore umano.

Dalla sua Kelly 32 in coccodrillo verde originale (avrei azzardato anni sessanta) Maude estrasse una modernissima penna e un blocco per appunti.

Con una calligrafia ordinata ci scrisse sopra un nome e un numero di telefono.

– Eccoti accontentata bimba, chiama Norman e digli che il suo numero te l'ho dato io. Sei in gamba, vedrai che qualcosa succederà.

Dieci giorni dopo ero seduta a una scrivania del mio nuovo ufficio, ufficialmente senza stipendio e in attesa di green card, ma ufficiosamente remunerata abbastanza da potermi permettere di mollare il ghetto e andare a convivere con una coinquilina più o meno coetanea questa volta in una zona meno malfamata di Los Angeles downtown. Roba da andare in pellegrinaggio a Lourdes subito per ringraziare il destino.

Lavoro per la rivista Zoetrope: All-Story, una specie di cantiere letterario fondato da Francis Ford Coppola.

L'idea è quella di ospitare e promuovere i giovani talenti letterari americani. Fin dal suo esordio (cito a memoria uno dei comunicati stampa) la rivista è stata in grado di influenzare il genere, di grande tradizione in America, della "Short Story". Storie brevi, in sintesi, caratterizzate da una scrittura dalla forte impronta visuale e da una natura di confine, a metà tra sceneggiatura e racconto.

Oltre a occuparmi dell'organizzazione dei corsi di scrittura creativa (ai quali prima o poi mi piacerebbe partecipare anche come allieva), mi occupo del lavoro più bello che esista: sono pagata per leggermi in santa pace storie brevi, recensirle e sottoporre al mio capo quelle che ritengo abbiano non solo un valore letterario, ma anche, potenzialmente, uno sbocco cinematografico.

Coppola ha definito questa sua piccola azienda il suo personale "dipartimento delle idee folli" ed io non posso che essere d'accordo.

"Per credere nei film o nelle storie la follia non è solo necessaria, ma indispensabile."

Coppola, nel lontano 1997 sul libro di Zoetrope.

32. Comeback

"Con la tua solita teatralità stai già tramando di alzare la posta emotiva a livelli record. L'estremista che è in te probabilmente non si accontenta di una semplice avventura e considera l'istrionismo e gli eccessi romantici assolutamente essenziali. Non ho nulla da ridire sul fatto che tu viva un momento frenetico, ma forse non è indispensabile passare il limite e arrivare all'isterismo delirante e a un vulcanismo eccessivo. Perciò ecco il mio consiglio: porta l'istrione che è in te a fare una decina di giri su un ottovolante, così forse non trasformerà in un ottovolante tutta la tua vita".

Questo recita il mio oroscopo di oggi sul sito di Internazionale. Dovrò incominciare a cercare sul serio un ottovolante, perché quell'oroscopo la sa lunga (Rob la sa sempre troppo lunga per i miei gusti).

Ho di nuovo fame di avventure per il mondo e non sono a casa nemmeno da quattro giorni. A proposito, sono le cinque e quarantacinque del mattino.

Ho un jet lag feroce che nei giorni scorsi ho tenuto a bada con qualche pastiglia.

Stasera mi sembrava venuto il momento di smettere coi sonniferi e il risultato è qui, evidente in tre caratteri digitali in basso a destra sul mio computer: 05.47 ora che rileggo.

Sono rientrata a Milano. Mi era scaduto il visto. I love Italy. Sì, quando si torna tocca mettere in chiaro i sospesi, chiudere bene, confermare la propria strada.

Adesso sì che sono tranquilla, perché ora so che se qualcuno mi vorrà amare, lo dovrà fare per quello che sono: una donna bambina con la testa che ragiona troppo e il cuore pieno d'amore.

Il mio lavoro alla Zoetrope volendo è ancora aperto. Mi aspettano, hanno detto e se tornassi avrei persino una promozione. Non so se me la sento di vivere ancora a Los Angeles... O a Milano per qualche tempo.

Sentimentalmente sono ancora sola. È trascorso più di un anno e sono ancora innamorata di lui. Me ne sono fatta una ragione, prima o poi passerà e nel frattempo mi inventerò qualcosa come ho sempre fatto.

E il signor The Voice? Anche lui è tornato. Ebbene sì, è arrivata la fatidica telefonata, quella chiamata che desideravo da tempo...

– Mia dolce signorina Zanelli, come stai?
– Adesso t'importa?
– Se ti sto chiamando...

– Certo... Avrai fatto fatica a comporre il numero...

– Sì, non è stato semplice. Dicono tanto delle donne, ma noi maschi siamo quasi peggio. Solo non ci piace farlo sapere.

– E perchè me lo dici ora, dopo che ti ho lasciato libero di essere come volevi?

– Tecnicamente non ci siamo nemmeno lasciati, solo che non eravamo abbastanza adulti per una relazione a distanza.

"Adulti", ha detto! Prosegue.

– È passato quasi un anno, – di più, caro – e da allora non faccio che far sesso. Belle, ma anche brutte, basta che ci stiano... Tanto la notte son tutte gattine.

Se proprio la faccia è orrenda mi basta prenderle da dietro. Poi, una volta che tutto è finito, non vedo l'ora che se ne vadano. Delle volte faccio finta di venire, purché finisca alla svelta. Il preservativo in questo senso aiuta.

Dopo le prenderei a sberle. Anche se so che non è giusto perché mica è colpa loro se tu te ne sei andata!

Se questo è il suo modo di essere romantico mi sa che è fuori strada. Lo lascio parlare, mi mordo le labbra, un milione di tera di commenti e post e tag gli farei a questo discorso, ma lo lascio proseguire.

– Al bar con gli amici non ne parlo neanche più. Cosa c'è da dire? Niente. Parlerei solo del grande vuoto che sento. Mica mi capirebbero. Anzi, mi prenderebbero per il culo.

Che vuoi che gliene importi, sono tutti fidanzati.

Magari non felici, ma almeno hanno qualcuno con cui litigare... Certo le ventenni col culo sodo le guardiamo tutti, poi però restano discorsi da bar.

Io no, io arrivo a meta.

Del resto su quello non ho mai avuto problemi. Solo che lo faccio per noia e per sentire che ce la faccio ancora. Le ragazze vanno a letto col mio ego insomma. Meglio che non lo sappiano.

– Insomma, perché questa telefonata proprio adesso?

– Beh, ecco, non è che fossi la più bella, ma sei sempre stata l'unica a tenermi testa.

E a farmi ridere.

Le altre sono solo dei Chihuahua col rossetto. O magari no, poverine. Solo che non mi lascio mai il tempo di scoprirlo. La verità è che sono un fottuto cigno. E si sa che quelli quando si scelgono una compagna è per tutta la vita.

– E perchè non mi hai più chiamato?

– Continuavo a pensare: domani, no anzi, la settimana prossima la chiamo, che magari il weekend ha da fare e poi altre scuse per tutti gli altri giorni della settimana. Poi mi sono detto: faccio finta di niente e la chiamo. Non posso continuare a fare il coglione a vita. Ed eccomi qua.

– Ne prendo atto, signor The Voice, sei stato un mio grande amore...

– E quindi? Quando usciamo?

– Ho riflettuto molto, e dal profondo del mio cuore sai che ti dico? Bye bye.

Sì, sono tornata a Milano, ma questa volta non torno indietro.

Note dell'autore e ringraziamenti

Come da tradizione, "Ogni riferimento a persone esistenti o a fatti realmente accaduti è puramente casuale".

Si scrive spesso e non sempre è vero. In questo caso ci terrei a sottolineare che questo non è un libro autobiografico. Gli unici fatti realmente accaduti sono il mio aver vinto una borsa di studio ed aver frequentato un mese di lezioni alla USC di Los Angeles. Questo accadeva peraltro circa dodici anni fa.

Purtroppo per me, non ho mai lavorato per la rivista ZOETROPE ALL – STORIES né nessuno mi ha mai chiesto di farlo.

I lettori più pignoli troveranno che alcune osservazioni sul sistema America sono basate su luoghi comuni non sempre veri e ampiamente esagerati dalla mia fantasia. Chiedo scusa ai molti amici americani che conosco e dico anche a loro che sono d'accordo, esattamente come quando accade che agli italiani all'estero sia ricordata l'esistenza della pizza e della mafia. È spiacevole sentirlo, ma un fondo di verità ovviamente resta.

Come dice Mr. Bingham/ George Clooney nel film Up In The Air:

Ryan

Vieni con me. Mai stare dietro gli anziani, hanno le ossa piene di metallo e sembrano nonapprezzare quanto poco tempo gli sia rimasto. Eccoli, gli asiatici, sono essenziali, bagaglio leggero e hanno la fissazione per i mocassini, li adoro!

Natalie

Questo è razzismo!

Ryan

Sono come mia madre, mi affido agli stereotipi, si fa prima.

Questo è un testo in divenire, nel senso che avrei potuto continuare a scriverlo per sempre: molti degli spunti di discussione e alcuni dei temi trattati in queste pagine sono frutto di post che ho pubblicato su Facebook e da cui sono scaturite conversazioni e riflessioni con gli amici.

Non ho mai pensato di pubblicare i miei scritti e se questo è accaduto o anzi, sta accadendo, lo devo alla tenacia e all'interesse dimostrato dai miei amici dei social network. Un giorno ero un po' depressa e ho postato per noia un mio racconto breve.

Da quel giorno ho incominciato a ricevere complimenti e incitazioni, prima dagli amici più stretti, poi da qualche conoscente e infine dai followers. I racconti si sono susseguiti e gli incoraggiamenti a scrivere e pubblicare sono andati di pari passo.

Grazie a Facebook e in particolare a Desirèe Sibiriu e a Fabrizio Rossetti sono stata segnalata (in stereofonia) alla mia straordinaria editor Tatiana Carelli e alla sua casa editrice Nobook con la quale esce questo libro.

Devo ringraziare Isabella Marceddu, Marialuisa Manucci, Claudia Taglia, Marcello Noera, Fabrizio Veutro, Stefano Quaglia, e Cécile Leroy–Beaulieu, Lorenzo Castignani, Roberto Vernetti e Cristiano Governa per essere stati tra i primi ad incoraggiarmi.

Ringrazio Ippolita Baba e Giovanna per avermi sopportato in questi mesi di "ansia da prestazione". Ringrazio Anna per avermi regalato più tempo libero.

A Xavier Mairesse va tutta la mia simpatia perché pur non sapendo una parola di italiano si è sempre fatto raccontare in inglese le sinossi dei miei testi e mi ha dato suggerimenti preziosi.

Grazie anche ad Antonella Scoliero e a Francesco Farè per la stima e la costante amicizia. Ringrazio Alessandra Matte e Filippo Arroni, Alberto Agazzani e Francesca Bertolini e Paolo Ferraguti per gli stessi motivi.

Un pensiero va ad Alessio Guidelli, Giangiacomo Pierini, Stefan De Jonghe, agli omonimi Federico Poggi e Federico Poggi, a Glauco Gasperini, a Giulio Mazzoleni Corti, Roberto Zuffada e Giacomo Magnani. Loro sanno il perché.

Gennaro Borrelli che non conosco personalmente mi ha ispirato il personaggio di Gennaro che appare brevemente nel libro. Al Gennaro reale sono grata per lo spunto di discussione e per le sue parole che ho riportato fedelmente nel romanzo.

Da un punto di vista strettamente pratico mi hanno dato una mano Alex Orlowski, Daniele Sinibaldi, Stefano Moro e Blue Angel a cui sarò sempre riconoscente.

Ringrazio Elena e Ragnhild, Assunta, Bru, Michele e Roberta. Oreste, Laura, Gil, Daniele, Klara, Nencio, Robecchi, Outsider e Jenny che mi ha confidato di aver usato un mio racconto per lasciare uno stronzo epocale. Francesca e Michele a Los Angeles per avermi dato la possibilità di conoscere meglio la città. Sono cari amici e lo saranno per sempre.

Ringrazio il signor The Voice, perché anche se mi ha spezzato il cuore e non lo sa, senza queste cicatrici non avrei mai avuto il coraggio o il tempo per scrivere.

Ci sarebbero altre centinaia di persone da ricordare, fossimo su Facebook le taggherei.

Mi sa che prima o poi lo faccio.

Spoiler

Vieni? Chi suona? No alla fine non è che mi interessi. Dai, andiamo. Sabato prossimo chiude il Pacha. Imperdibile. Ci sono. Hai visto che tramonto? Si sì, c'ero. Figata vera. Ma allo Space paghiamo? Figurati, il proprietario ti si vuole fare... Davvero, beh, che si metta in fila. C'era quel dj carino, ricordi? Entriamo dritte e proseguiamo la serata con lui e i suoi amici.

Naomi qui serviva ai tavoli, prima di diventare la Campbell. Aveva già i problemi ai capelli ed era una stronza epocale. Domani andiamo a Las Dalias, con Cushin e Bi e salutiamo Alok e Merel. Dai, ci sto.

È il giorno di Natale e siamo qua, in questa magnifica casa del più grande drug dealer di Ibiza. Al fianco c'è Jade Jagger, figlia di Mick. Dall'altro lato ho Lisa, sopravvissuta di Osho. Le chiedo com'era far parte della setta: "inizialmente ci credevamo tutti, poi era solo una scusa per fare sesso". Si è perso lo spirito iniziale, afferma. Non indago oltre.

Arriva il tacchino ripieno. Tradizione americana rispettata agli estremi. Ceniamo all'aperto. Siamo una trentina di anime confuse. I bambini ballano intorno al tavolo. Arriva Keith e dice che gli ricordo non so quale moglie. Il mio uomo è vagamente geloso. Di me ha capito veramente poco. A modo loro sono tutti famosi qua dentro; quantomeno famigerati. Tutti tranne me. Parliamo dello Tzunami. Qualcuno era presente e ha una gamba rotta, stava facendo yoga sulla spiaggia.

"Feel the elements", diceva il maestro, mentre si faceva una riga. Gli elementi si sono sentiti davvero, e qualcuno ci ha rimesso una gamba. Una conoscente la vita. Comunque siamo qua. Arriva il dolce. Insieme al dolce la droga. Vado in bagno e Keith mi segue. Vuol fare sesso e parlare. Gli nego il primo; facciamo chiacchiere interessanti. Tanto nessuno noterà la mia assenza. Mi chiudo in bagno e ripenso ai natali passati: la mia famiglia, i regali, la messa di mezzanotte...

Di là stanno usando una mezzaluna. Triturano sostanze ed è tutto normalissimo.

Una donna ci prova e il mio uomo non è poi tanto geloso, questa volta.

Un altro giro di chiave e mi metto a piangere. La mia personale catarsi. Sono una ragazza di provincia. Per quanto mi sforzi. Posso affrontare lo Space, Richard Gere –conosciuto tempo prima – e persino Gene Hackman palesemente ubriaco che mi invita alle feste. Quello che non sopporto è la mia attuale pseudo suocera che si accende una canna e mi racconta di Orson Welles, di com'era stravolto, della loro casa, dei figli abbandonati "per l'arte" e della scimmietta vinta al gioco. Spiacente. È un mio limite. Non ce la faccio. Mi asciugo le lacrime e penso che questo non è ciò che voglio.

Il giorno dopo mi sveglio nella casa piena di quadri. Bellissimi dipinti di Elmyr o di Matisse. Faccenda mai chiarita.

Decido che è ora di diventare adulti. Voglio esclusività in un rapporto d'amore, apprezzare di più le persone. Conoscerle a fondo. Sapere ciò che pensano, dare valore alla mia vita. Seguire l'istinto, quello sempre. Credere nelle cose vere; credere nelle persone vere e nei sentimenti. Sull'isola non ci tornerò mai più.

Fino a domani, magari, quando sarò finalmente in grado di riderci sopra.

Un nuovo giro nel rifugio delle anime fragili. Ibiza, la Isla Blanca.

Ancora una volta. Sono passati dieci anni. Chi ci vive ti dirà che è cambiata, che è peggiorata come qualsiasi città del mondo, a sentire i suoi abitanti. A me sembra la stessa, perché quella luce e quel mare lì, col sole che tramonta a filo a Sant Antoni e Santa Eularia sono uguali e stupende.

Quella che è cambiata veramente e si spera in meglio, alla fine, sono io.

Sbarco da un aereo mezzo vuoto, siamo fuori stagione, e so che ad aspettarmi ci sarà il signor The Voice, il mio grande, antico amore.

Impossibile non notarlo, alto e affascinante com'è e comunque non è che ci sia tutta questa ressa all'uscita dal San Josè.

Ci abbracciamo: un abbraccio che sa di zucchero filato, di ricordi e di acqua salata.

Mi porta in giro il mio signor The Voice, gli chiedo

degli amici: Alok, Merel, Cushin... Sono tutti ancora lì, anno dopo anno, a lasciarsi vivere aspettando la stagione dei turisti.

Le isole sono come dei grandi circhi: una volta che gli spettatori sono usciti, cala il sipario, ci si tolgono i lustrini e si aspetta. Certo si continua a recitare una parte, ma è tutta finzione. Il pubblico è scomparso e si è in mezzo ad altri attori come te.

Prove tecniche.

Senza un pubblico gli attori non sono niente.

D'inverno sull'isola ci si annoia. Le droghe, le carte, il sesso, l'arte e il gossip. Tutto funziona pur di riuscire a far passare più in fretta le ore che ti separano da una nuova giornata: monotona, vuota, identica alla prima, in attesa dei turisti italiani, degli amici inglesi, delle notizie da Londra e New York dove se sei fortunato riesci a fare un salto a metà novembre.

Il signor The Voice non è cambiato: è appena rientrato da Boston e come tutti gli Ibizenchi al ritorno da un qualsiasi posto, ne parla malissimo.

Tutti sono d'accordo anche se a Boston magari non ci sono mai stati. È una sorta di rito collettivo, un ribadire l'esattezza della propria scelta. Un reciproco rinfrancarsi.

Siamo a cena a casa di un regista tedesco un tempo famoso. Come quasi tutti a questa cena ha guadagnato molto, si è disgustato del sistema e ha abbandonato orari, responsabilità e regole per trasferirsi qui.

Si parla di cinema, di massimi sistemi e filosofia. Si parla del passato. Delle vite precedenti, di quanto si stava male e ci si sentiva compressi. Intrappolati. Costretti in una società troppo borghese e ristretta.

Sarà, ma se questo passato era così opprimente, perché parlarne sempre e così a lungo? Nessun obiettivo futuro, nessun programma a lunga scadenza, niente. Si ride degli amici assenti, si sussurra di nuove storie d'amore, ci si domanda del figlio di Cindy che si è preso cinque anni per spaccio e qualcuno è andato a trovarlo? E come ti è sembrato, è dimagrito il poverino? Certo deve essere dura in cella con tutti quegli spagnoli e marocchini...

Gli ideali di quelli arrivati qua negli anni Settanta sono rimasti quelli che erano: ideali.

Guardo queste belle facce e penso che per entrare a Ibiza da qualche parte ti devono fare un casting. Sembrano tutte stelle del cinema. Anche quella coppia di signori attempati con gli zigomi rinforzati dalle protesi. Nessuno sfigurerebbe in un film di Altman e anzi, anche Altman, potrebbe essere qua seduto di fronte a me. Se non fosse morto, ovvio.

Rifletto. Dieci anni fa seduta a questo stesso tavolo mi sentivo piccola e borghese e inadeguata. Nessun cognome famoso, poche esperienze, poco vissuto. Oggi vi vedo per ciò che siete: meschini, intelligenti, cattivi, buoni, colti, ignoranti, gene-

rosi, invidiosi, sciocchi, fatui, intensi... non diversi
né migliori. Semplicemente umani.

E per questo vi amo e faccio pace col passato.

Il signor The Voice ha bevuto troppo. Come
tutti. Me compresa.

Andiamo a guardare l'alba. Varrebbe la pena
di trasferirsi qui solo per questo sole e quest'atmosfera. Penso che su quest'isola dove tutto ha il
nome di un qualche santo, di santità ce n'è rimasta
poca. Come nel resto del mondo, peraltro.

Ho un aereo da prendere. Un nuovo abbraccio e
la promessa di un futuro incontro.

Note e appunti